跨文化交际与外语翻译研究

魏海燕　齐　娜　李　娅　著

哈尔滨出版社
HARBIN PUBLISHING HOUSE

图书在版编目（CIP）数据

跨文化交际与外语翻译研究 / 魏海燕，齐娜，李娅
著. — 哈尔滨：哈尔滨出版社，2022.7
ISBN 978-7-5484-6632-1

Ⅰ. ①跨… Ⅱ. ①魏… ②齐… ③李… Ⅲ. ①外语—
翻译—研究 Ⅳ. ①H059

中国版本图书馆 CIP 数据核字（2022）第 135269 号

书　　名：**跨文化交际与外语翻译研究**
KUAWENHUA JIAOJI YU WAIYU FANYI YANJIU

作　　者：魏海燕　齐　娜　李　娅　著
责任编辑：李金秋
装帧设计：中图时代

出版发行：哈尔滨出版社（Harbin Publishing House）
社　　址：哈尔滨市香坊区泰山路 82-9 号　　邮编：150090
经　　销：全国新华书店
印　　刷：三河市嵩川印刷有限公司
网　　址：www. hrbcbs. com
E - mail：hrbcbs@ yeah. net
编辑版权热线：(0451)87900271　87900272
销售热线：(0451)87900202　87900203

开　　本：710 mm×1000 mm　1/16　　印张：11.75　　字数：148 千字
版　　次：2023 年 1 月第 1 版
印　　次：2023 年 1 月第 1 次印刷
书　　号：ISBN 978-7-5484-6632-1
定　　价：68.00 元

凡购本社图书发现印装错误，请与本社印制部联系调换。

服务热线：(0451)87900279

目　录

第一章　跨文化交际概述

第一节　文化、交际和语言

一、关于文化的概念

(一) 文化的定义

1. 文化

"文化"这个词古已有之，但它的含义与现代的理解不一样，指与"武力"相对的文德教化。文化属于人类创造的精神财富和物质财富，人性具有的共性就使得人们能共享这些财富。然而正如孔子所说的"性相近，习相远"，人性固然相通，但"习相远"导致了文化的差异。因此，克服文化差异所产生的障碍就显得很重要，这意味着在达到有效交际之前，我们必须了解别人的文化。

在文化学或文化人类学中，"文化"一词通常指人类社会区别于其他动物的全部活动方式以及活动的产品。就这一概念的核心内涵而言，它的意义是明确的，然而在实际研究中，专家们给的定义却五花八门。美国人类学家克鲁伯（Kroeber）曾搜罗并列举了西方近现代 160 多位学者对"文化"所下的不同定义，并从下定义的方法角度进行了分类和研究。在众多的关于文化的定义中，文化人类学家泰勒（Tylor）和马林诺夫斯基（Malinowski）两人的定义比较受人推崇。泰勒认为文化"是一个复合的整体，包括知识、信仰、艺术、道德、法律、风俗，以及人类在社会里所获得的一切能力与习惯"；马林诺夫斯基把文化看作一种具有满足人类某种生存需要的功能的"社会制度"，是"一群利用物质工具固定生活于某一环境中的人们所推行的一套有组织的风俗与活动的体系"。前者着眼于文化的整合性和精神性，后者着眼于文化的功能性和制度性。

着眼于跨文化语言交际的研究，另外两位学者关于文化的定义或许更准确、更直接。社会语言学家戈德朗夫（Goodenough）指出，文化是"人们为了使自己的活动方式被社会的其他成员所接受、所必须知晓和相信的一切组成。作为人们不得不学习的一种有别于生物遗传的东西，文化必须由学习的终端产品'知识'组成"。本尼迪克特（Benedict）认为，文化是"通过某个民族的活动表现出来的一种思维和行动方式，一种使这个民族不同于其他任何民族的方式"。这两个定义都强调了文化的民族性，前者突出了民族内部的规范，后者突出了民族之间的差异。概括地讲，文化就是人们所觉、所思、所言、所为的总和，在不同的生态环境下，不同的民族创造了自己特有的文化，也被自己的文化所塑造。

一般认为，"文化"作为一个专门概念，可以有狭义和广义两种理解。狭义的理解着眼于精神方面，指社会的意识形态、风俗习惯、语言规范以及与之相适应的社会制度和社会组织。但是，精神或意识并不可能脱离人类物质生产的社会实践凭空产生或独立存在，而是在人类改造自然的社会实践中产生出来的。在这一社会实践中，人类既创造了物质财富，改善了自身赖以生存的客观物质条件，也创造了精神财富，形成了人类独有的意识形态、思维能力和生活方式，使自身摆脱了"自然人"状态并获得了进步。在使人类生活超脱动物性并区别于动物生存的一切因素中，精神方面和物质方面始终纠结为一体，互为因果、密不可分。因此，从广义方面理解，"文化"包括精神和物质两个方面，即指人类在历史发展中所创造的物质财富和精神财富的总和。不过在通常情况下，提到"文化"，人们首先想到的是它的狭义方面，即文化的精神形态方面。

2. 文化定式

社会中大都存在着若干群体或社团，这些群体或社团对地域、历史、生活方式以及价值观等方面的共享，使其成员形成、发展并强化了自己独特的文化及与之相适应的交际文化。当然，要形成自己的文化，群体必须首先界定自己的边界。很多学者认为，群体概念的形成可能以民族、种族、地域、职业、性别、政治、社团、世代、组织乃至具体的社会活动或生活形态的共享为基础。一旦一个群体形成了，相应的文化也就应运而生了。诸如中国文化和美国文化、东方文化和西方文化、强环境文化和弱环境文化、群体主义取向和个人主义取向等，都属于以国家、民族或更大范围的地域为边界所定义的文化。在进行跨文化交际研究中，学者们往往倾向于把某一文化群体的每一个成员都当作该文化定式的代表，或当作整体文化形象。这种整体式的文化取向，通常被叫作文化定式。

当然，在跨文化交际过程中，文化会因具体情景、场合不同而表现出种种差异。在社会化的过程中，由于环境、情景等时空不断变化，人们通过交际确认、建立、维持和强化各种文化身份，习得了不同的交际文化。当他们长大成人时，他们掌握了成套的在各种不同社会情景中与人交往的规则，在不同时间、不同场合、不同情景，与不同群体的交往中，习得了不同的交际规范。也就是说，在社会化的过程中，人们习得了各种不同的群体文化、信仰文化、地域文化，形成了不同类型的社会关系和角色关系。

在文化学研究领域，通常把文化分为主流文化和亚文化。也就是说，文化的概念具有层次性，一种整体文化中往往包含了各种不同的次范畴"变体"，形成了某种文化圈内的亚文化圈。亚文化产生于亚群体，亚群体是某个民族内部的群体分化，他们在亚群体中享有共同的信仰、价值观、行为准则、交往规范以及认知模式。不同亚群体之间在所觉、所思、所言、所为等方面都存在一定的差异，因此，亚文化与主流文化之间，既有"大同"的一面，也有"小异"的一面。

(二) 文化的特征

1. 交际的符号性

文化不是与生俱来的，而是通过符号被人们习得和传授的知识。任何文化都表现为一种象征符号的系统，也表现为人在创造和使用这些符号过程中的思维和行为方式。人是一种"符号的动物"，符号化的思维和符号化的行为是人类生活中最富代表性的特征，人类创造文化的过程，就是不断发明和运用符号的过程。人类创造了文化世界，其实质是为自己创造了一个"符号的宇宙"。在文化创造中，人类不断把对世界的认识、对事物和现象的意义及价值的理解转化为一定的具体可感的形式或行为方式，从而使这些特定的形式或行为方式产生一定的象征意义，构成文化符号，成为人们生活中必须遵循的习俗或法则。于是人们就生活在这些习俗或法则的规范之中，生活在自己创造的充满文化符号的世界之中，一方面承受着文化的制约，另一方面又通过对文化制约的承受而表现其人生的意义和价值。比如，在古代中国封建等级制度的规范中，服装的颜色是有等级规定的：帝王服饰为明黄色，高级官员和贵族服饰为朱红或紫色，中下层官员服饰为青绿色，衙门差役服饰为黑色，囚犯服饰为赭色。于是，服装颜色就成了特定身份的象征符号。在等级观念淡薄的今天，服装颜色的等级象征意义固然已不复存在，但在力求服饰的色彩或款式与年龄、性别、身份、行业、环境、习俗协调一致的追求中，人们又给色彩和款式赋予了丰富的审美意义；而在某些必须标明的社会角色（如军警、执法人员等）身上，服装颜色和款式仍具有身份象征的符号作用。再比如，我们在宴请、婚礼、葬仪以及各种庆典中司空见惯的一切，包括环境、服饰、道具、程序等，无不具有符号性。

文化的符号性导致文化和交际具有同一性。交际是文化的编码、解码过程，语言是编码、解码的工具，也是它的传承和储存系统。我们可以把文化概括为"符号和意义的模式系统"。模式指文化的规则性和稳定性；符号指代表现实的语言、非语言或其他什么东西；而意义则指人们赖以生存的文化是一个意义系统，是人们对所处社会的文化取向、价值观念、社会规范等方面的诠释。只有当交际双方对同一符号的解释完全一致时，或者在很大程度上相近时，交际才有可能有效进行，否则误解、冲突就在所难免。这意味着，在交际过程中差异是潜在的危险。文化是符号和意义的模式系统意味着交际行为的解释活动或译码活动是由文化的特定规则或规范所制约的，也就是说，只有在双方共享一套社会期望、社会规范或行为准则时，交际才能有效进行。

2. 民族的选择性

文化不可能凭空产生和存在，它植根于人类社会，而人类社会总是以相对集中聚居并有共同生活历史的民族为区分单位的，因此一定的文化总是在一定民族的机体上生长起来的。民族群体是民族文化的土壤和载体，文化的疆界通常和民族的疆界相一致，民族的特征除了体貌特征之外就是文化的特征，所谓民族性主要也是指文化上的特性。比如同为上古文明，古希腊、古印度、古埃及和古代中国的文化各有独特性；同为当代发达国家，日本和美国、欧洲各国之间在文化上也存在着差异。而当一个人口众多的民族分布在广大的地域上时，保持文化在各个层次的细节上完全一致势必不可能，于是民族文化在地域性渐变的基础上往往形成一些互有差异的亚文化，形成大传统下各具特色的小传统。小传统具有区域性，是大传统的组成部分，同时又受大传统的支配和统摄，于是在民族文化的大范围内常有多种区域性文化同时并存。比如同为中国上古文化，就有中原文化、齐鲁文化、楚文化和吴越文化的区别，并且这种区别至今仍有一定程度的保留。

文化具有选择性。人类可供选择的行为规则是无限的，然而每一特定文化所选择的规则是有限的，每个文化只选择对自己文化有意义的规则，因此每一文化成员的行为所遵循的规则是有限的，可以说文化的功能在于界定不同的群体。文化的这一特点，对跨文化交际来说十分重要。文化的这种集体无意识，不可避免会产生群体或民族中心主义，从群体或民族中心主义的概念本身，我们可以看出它与交际的关系。群体或民族中心主义是人类交际过程中的普遍现象，人们会无意识地以自己的文化作为解释和评价别人行为的标准，习惯把自己的文化当作观察别人行为的窗口，其结果是自己的行为会被无意识地认为是正确的，或是有道理的。显然，群体或民族中心主义会导致交际失误，达到一定程度时会带来文化冲突。

3. 观念的整合性

文化是群体行为规则的集合，可以被理想化地推定可能出现在某一社会或群体的所有成员的行为之中。这样，我们就有了诸如中国文化、美国文化或东方文化、西方文化等整齐划一的提法，而某一主流文化中又存在诸如亚文化或群体文化、地域文化、职业文化、性别文化等。这意味着社会组织、社会结构、社会关系、社会地位等都属于文化范畴。历史所衍生及选择的传统观念，尤其是世界观、价值观念等文化的核心成分，尽管不属于行为范畴，但也会像电脑一样为人们编制行为和思维程序，规定交际行为的内容和方式以及编码过程，因此，世界观、价值观等常被称为"文化实体""民族性格"。可见文化是一个由多方面要素综合而成的复杂整体，是一定区域内的一定文化群体（通常表现为民族）为满足生存需要而创造的一整套生活、思想、行为的模式。在这个整体模式中，各组成要素互相补充、互相融合、互相渗透，共同发挥塑造民族特征和民族精神的功能。

同时，整个民族文化又有一个或少数几个由价值选择结果为出发点的"文化内核"，这样的文化内核就像遗传因子一样无所不在地渗入该民族的所有文化细胞之中，发挥着整合文化的潜在作用，从而使整个文化产生一种保守性、内聚性、排异性和对外来文化要素的同化力。文化的整合性是一种文化得以自我完善和形成独特面貌的动力。它可以保证文化在随时间变迁的同时，在一定限度内维持稳定的秩序。比如在中国延续了两千余年的传统文化中，建立在血缘根基上的宗法意识形态，融自然哲学、政治哲学和伦理哲学为一体的"天人合一"世界观，以"经国济世"为目的的实用理性等精神元素，作为中国文化的"内核"，一直在文化传统的形成中发挥着"整合"作用。经过这种整合形成的中国文化，是一个迥异于欧美文化的独特模式，而跨文化交际的误会、冲突正植根于此。不同文化有着不同的"内核"，必然导致价值观念、认知模式、生活形态有差异，这种差异在交际方面必然会形成文化的碰撞，于是交际双方如不能理解对方的文化，就会产生与交际预期的反差，结果当然是不能令人满意的。

4. 动态的可变性

文化的稳定性也是相对的，并不能保证文化在历史的长河中恒久不变。一方面，既然文化是一种为了满足人类生存需要而采取的手段，那么生存条件有了变化，作为观念形态的文化必然也要发生变化，这是文化可变性的内在原因。在人类文化史中，重大的发明（如文字、造纸术、印刷术、蒸汽机、电器、电子计算机）、重大的发现（如地理新大陆、天体运行规律、能量守恒定律）都曾给文化的变迁以巨大的推动力。这是因为新的发明创造和科学技术的进步使人们的思想行为、生活方式乃至交际模式都处在不断变化之中。另一方面，从一种文化的外部而言，文化传播、文化碰撞可能造成这种文化内部要素和结构的"量"的变化，而这种"量"的变化的不断积累也可能促使这种文化发生"质"的变化，导致进化、退化、没落、重组或转移等结果。社会的发展，国家、民族之间交往的频繁和深入，政治上的风云突变和经济上的全球化趋势都使文化不断交流、碰撞乃至发生变化。比如，中国的儒家思想、汉字在东南亚不少国家的文化中也曾产生过重大影响；而欧洲文化进入美洲，则导致了美洲本土文化的大量萎缩甚至部分消亡；前苏联的解体、柏林墙的消失、欧洲联盟的形成不仅改变着人们的政治生活，也在改变着人们的交际模式。

表层文化结构（物质形态）的变化，在速度和质量方面都远远超过深层文化结构（精神形态）的变化。比如现代生活在衣、食、住、行等方面的变化要比信仰、价值观、世界观等方面的变化明显得多。20 世纪 70 年代末中国开始实施改革开放的发展战略，近年来，人们的生活方式、居住条件、饮食结构、衣着习惯等"硬件"都发生了巨大的变化，这是举世瞩目的。但是在"软件"方面，质的变化却并不明显。表面上看中国的"新生代"很容易接受西方的意识形态，但随着年龄的增长，他们又"回归"了。这是文化定式决定的，是不以人的意志为转移的，因此我们必须清醒地看到，"同国际接轨"是有限的，因为能"接轨"的多数属于文化结构的表层，而不是它的深层。不管社会发展到什么阶段，深层文化的差异、冲突都是无法避免的。改革开放以来，不少跨国企业、国际品牌进入中国，而"本土化"始终是一个永恒的话题，这就是文化差异导致的。从这一点来说，跨文化交际确实是一个亟待解决的难题。

二、关于交际的概念

（一）交际的本质属性

"交际即文化，文化即交际"，两者是相通的。没有交际就难以形成文化，而文化就是在交际中得以存在和发展的。符号学家把两者的关系概括为"文化是冻结了的交际，而交际是流动着的文化"，这是非常精辟的。"交际"这一概念与"社会共同""社会共享"密切相关，"社会共同"或"社会共享"是交际的前提。事实表明，只有同一文化的人们在行为规范方面具有共性，或交际双方共享某一文化规范，才能有效进行交际。跨文化交际是不同主流文化的人们之间的交际，当然要求双方互相理解或遵循对方的文化，只有这样，才能保证交际达到预期的目标。关于交际的本质属性，可以从以下三个方面来理解：

1. 有意识行为和无意识行为

在交际过程中，任何性质的符号都可用来交际，除了语言符号，更多的是非语言符号，包括各类行为。这是因为人们的行为有些是有意识的，而有些是无意识的。在社会化的过程中，人们的很多行为是无意识习得的，譬如站立、行走、身姿、手势乃至言语行为等。很多其他行为也同样是不知不觉学会的，并且可能在不知不觉中发生，尤其是非言语行为，如脸红、微笑、点头、皱眉头、伸舌头、眨眼睛等都会在无意识中自然流露。值得注意的是，这些行为一旦被观察或被注意到，客观上就传递了信息，交际也就发生了。研究表明，在正常交际中人们惯常的交际行为是无意识的，或意识性很弱；但在陌生的环境中，人们的交际行为有时会是有意识的，或自觉的。这意味着在与文化背景相似的人交际和与文化背景不同的人交际时，交际行为是有差异的。前者往往是无意识的，后者往往是有意识的，至少两者之间在意识程度上有所区别。这也意味着在跨文化交际中产生失误或误解是不可避免的，因为不同文化背景人的无意识行为可能与对方的文化规范相悖，而一旦这样的无意识行为被对方观察到，就会被赋予消极意义，从而会产生特定的反应。这一点在跨文化交际中应引起特别注意。

2. 编码过程和解码过程

交际是一个编码和解码过程，信息交流是一个编码和解码的心理活动。具体地说，编码是把思想、感情、意识等编成语码（如言语或非言语行为以及书面语等符号）的过程；而解码则是对从外界接受的符号或信息赋予意义或进行解释的过程。有效的沟通，只有在发出信息的人和接收信息的人共享同一或相近的语码系统时才能实现，也就是说交际双方使用同一种语言说话，而且仅仅共享同一语言符号系统还不够，交际双方对其他相关因素的理解和把握也许更重要。交际行为是文化和社会行为，它必然发生在社会之中，并受社会众多因素的影响和制约，主要包括三个层面：①文化背景，涉及价值观念、文化取向、社会结构、心理因素、环境因素等；②交际情景，涉及交际双方的社会地位、角色关系，以及交际发生的场合、时间及谈论的话题等；③代码系统，主要指对接收的信息赋予意义的过程中产生的"文化过滤"机制。这些因素密切相关，相互作用，相互依存。交际过程中意义的获得是一个十分复杂的过程，由于众多变量的存在，编码人传递的信息和解码人所获取的意义之间永远是有距离的。而在跨文化交际中，不同社会因在上述因素方面存在的差异大，会导致距离更大、更明显。

3. 语法规则和语用规则

交际活动中交际双方必须遵循某些规则，除了固定的词法、句法等语言规则之外，还有具体的文化规范及其制约下的语用规则。同一文化的人们共享这些规则，因此他们之间的交际并不困难；但不同文化的人们相互交际时，因为在这些规则方面存在差异，交际将会产生障碍。但从另一角度看，这些规则的存在，也使跨文化交际成为可能。只要人们掌握了相关的文化规则，有效交际是可以实现的。在人们的交际过程中，交际者往往会对对方交际行为的结果进行预测。因为交际是在一定的文化背景和交际情景中进行的，而且交际行为有其固有的语言规则以及语用规则，因此人们的交际过程是一个交际双方对彼此的交际行为的结果进行预测的过程。这种预测过程可能是自觉的，也可能是无意识的，预测的准确程度取决于人们对交际环境因素及其与交际行为相互作用的关系的理解程度，取决于人们对文化和语用规则掌握的熟练程度和运用的灵活程度。这说明人们对交际的有关因素知道得越多，预测能力就越强，交际就越有成效，这也说明对交际符号系统的理解程度取决于对文化符号系统的理解程度。在跨文化交际时，可能会出现这样或那样的问题或障碍，这些问题或障碍可能与交际渠道无关，与语码无关，也不是语言系统的差异所致，而很可能就是文化、社会、环境、心理或交际情景因素造成的。因为交际双方的文化规范存在差异，所以对文化背景或交际情景因素缺乏共识。

（二）交际的构成要素

语言交际在本质上属于信息传播，是一个动态的系统构成，必须具备构成系统的基本要素。信息论认为，一个信息传播系统的构成，必须有信息的输入和输出并处于共同的变换。这是一个动态过程，其中变换是对信息的处理过程。通常来说信息传播系统的构成包括七个环节：

1. 传播者

传播者指信息传播者，即具有交际需要和愿望的具体的人。"需要"是指希望别人对自己作为个体存在的认可，或改变别人的态度和行为的社会需要；"愿望"指试图与别人分享自己内心世界的欲望。从跨文化语言交际来看，传播者是产生或激发了与不同文化背景的人交流的需要和愿望的交际主体。

2. 编码

编码指传播者依据社会、文化和交往规则，运用某种语言的词法、句法等规则对语码进行选择、组合和创造信息的过程。内心所思是不能直接与别人分享的，我们必须依赖符号来表达，因此编码是一种心理活动。从跨文化语言交际来看，虽然传播者是运用某种特定的语言符号在进行编码，但必定有某种特定的社会、文化和交往规则的支撑。

3. 信息

信息指传播者编码的结果。信息是交际个体在某一特定时空的心态的具体写照，因此就面对面的交谈而言，除了语码之外，还伴随着很多交际个体的非语言的信息，以及交际环境信息。从跨文化语言交际来看，信息就是一个由语码、非语言信息及交际环境信息整合而成的综合体，其中渗透了某种特定的社会、文化密码。

4. 通道

通道是把信息源和信息接收者连接起来的物理手段或物质媒介。信息传递的手段或媒介是多种多样的，主要包括面对面交谈、电话交谈及短信、邮件往来。从跨文化语言交际来看，面对面交谈是最常见、最主要的形式，是通过听觉和视觉途径传递信息的最直接、最有效的方式，也是最值得探讨的方式。

5. 接收者

接收者指信息接收者。信息接收者与信息传播者之间的连接可能是有意识的行为，接收者觉察到信息源的行为，做出反应，双方就建立了联系；双方的联系也可能是无意间建立起来的，信息接收者可能由于偶然的机遇而截获或感知到进入渠道的信息源行为。无论哪种情况，信息总是以刺激人们感官的形式出现，通常以听觉或视觉的形式刺激信息接收者，激起信息接受者的反应行为。从跨文化语言交际来看，信息接受者一定是属于不同于信息传播者的另一种文化圈的交际主体。

6. 解码

解码指信息接受者将外界刺激的信息转化为意义的过程。解码是一种对信息加工的心理活动，通过对信息的理解或翻译，信息源行为就被赋予了意义。信息接受者在解码过程中，除了理解语言符号，还要解释附加的文化信息，从而准确解码。从跨文化语言交际来看，由于交际双方属于不同的文化圈，因此在解码过程中必然会进行"文化过滤"，即通过自身的文化代码系统来解释所接受的信息，若对对方的文化符号不熟悉或不理解，那么产生误解甚至冲突就在所难免。

7. 反馈

反馈指信息接收者对所接收的信息采取的相应行为的选择。接受者可能对信息源行为听而不闻、视而不见，不采取任何行动；也可能立即做出反应并采取相应的行动。反馈行为表现为对对方陈述的评价，对对方疑问的应答，对对方要求的表态等。如果信息接收者采取的行为符合或接近信息传播者的预期，那么交际是成功的；反之是无效的。从跨文化语言交际来看，信息接收者的反馈与信息传播者的预期是否接近，取决于双方对彼此社会、文化和交往规则的熟悉程度和语用策略的运用能力。

三、关于语言的概念

(一) 语言是交际工具

1. 交际媒介与语言符号

(1) 交际媒介与符号

为了生存、发展，人们需要进行各种各样的交换。比如商品交易就是一种典型的交换。最初，人们的商品交易是直接以物换物。语言交际是人类社会必需的另一种交换活动，交换的是信息、思想、情感。语言交际也需要一种媒介，需要一种能代表确切含义的"符号"作为交际的中介。

什么是"符号"？简单地说，就是用某种能感知的形式来代表某种事物或现象的结合体。因此，符号由两个要素构成：一个是形式，必须是人们可感知的途径，如听觉、视觉、嗅觉、触觉、味觉等；另一个是意义，即这个形式所代表的事物或现象。形式和意义一结合，就成了"符号"。我们必须把符号同另一种现象区别开来。在山里赶路，看到远处炊烟袅袅升起，就可以知道那里有能歇脚或投宿的人家；农夫察看天气，看到乌云密布，电闪雷鸣，意识到将有暴雨降临；中医诊断疾病，总是要号脉，看病人的气色、舌苔，闻他呼出的气息；刑侦人员破案，要收集指纹、脚印，记录和拍摄现场。远处的炊烟，乌云和电闪雷鸣，病人的脉象、气色、舌苔、口气，罪犯的指纹、脚印，这些也都代表某种确定的事物或现象，好像也是"符号"。其实，这些现象同我们讲的"符号"是不一样的，可以称为"征候"。"征候"是事物本身的特征，它同某种事物或现象有着天然的、必然的联系，可以让我们通过它来推知某种事物或现象。我们讲的"符号"，它的形式和意义没有那种天然的、必然的联系，而是人为的，用什么样的形式代表什么样的事物或现象是社会约定俗成的。

在人类社会中，各种"符号"很多，它们在人类的交际活动中起着重要的作用。比如：古代的烽火是敌人进犯的信号；书信上插着的鸡毛是紧急的标志；男人给女人送上玫瑰花，是爱的象征；执法人员穿着各种制服，表明他们正在行使职责；煤气本无气味，却在里面添加了某种刺鼻的气体，以此作为危险的提示。最典型的是交通信号系统，它通过一组有色彩的灯光提示行人和车辆行止：红色表示禁止通行，绿色表示可以通行，黄色表示准备行止。上述这些实例都有一个共同的特点：这些可感知的形式同其所代表的事物或现象没有必然的联系，仅取决于社会的约定俗成。因此，我们常常可以看到相同或相似的交际情景中不同的民族使用不同的符号。

人类语言是一种有声语言，人们用声音形式来表示意义，通过听觉途径来感知和理解话语。语言中的词及其排列次序就是一种符号，它能使听话者准确理解它所代表的事物或现象。

人类为什么选择声音作为符号的形式呢？这是因为它有三大优点：第一是使用方便。声音是每个人都能发出来的，本身没有任何"重量"，便于携带，人走到哪里，它就能"跟"到哪里，张嘴就能说，不需要任何专门的设备。第二是容量最大。几十个语音单位（音位）通过排列组合就可以构成几千个音节，组成数十万个词语，把现实世界中的所有事物或现象都表达出来。第三是效果最佳。说话只是动"嘴皮子"，可以大声疾呼，也可以慢声细语，古今中外，喜怒哀乐，不管多么复杂的道理、多么动人的感情，都可以通过语言表达出来。由于用声音作为语言符号的材料有着种种优越性，因而人类的祖先在长期发展过程中选用它作为交际工具的物质形式，有力地推动了人类社会的发展。

（2）语言符号的特征

"符号"的一个基本特点是形式和意义的结合是任意的，两者之间没有必然的联系。那么语言符号是否也具有这样的特点呢？

"约定俗成"点出了语言符号的本质。汉语中为什么把"能制造工具并使用工具进行劳动的高级动物"同"rén"这个语音形式结合起来，这是没有道理可说的，是由社会约定俗成的。如果我们的祖先当初不把这类对象叫作 rén，而叫别的什么，也完全可以。不同的语言用不同的形式来代表同一个事物，也证明了这个基本道理。

"约定俗成"指的是某种社会群体的规约性。形式和意义的结合具有任意性，就是这种规约性的体现。它具有两重性：一方面，形式和意义的结合从本质上来说是任意的，用什么样的名称来指称什么样的事物没有必然的联系；另一方面，特定的名称和特定的意义一旦结合在一起，我们往往能发现它们之间结合的理由，这就叫作"理据的可探究性"。这两者是不矛盾的，好比生了个孩子，叫什么名字并没有特别的规定，只要能与别的孩子相区别便于指称就行；但实际上父母往往会慎重地考虑，给孩子起一个满意的名字，或寄托某种希望，或蕴涵某种特定含义，或与某个有意义的事件发生联系，这就是起名的"理由"。语言符号也一样，比如从语源角度考察，"浅""贱""线""笺"都用了相同的声符，可见在造字之初它们的读音是相同的。为什么这些指称不同类的事物的名称读音会一样呢？原来水少谓"浅"，钱少谓"贱"，单根丝线叫"线"，单张信纸叫"笺"，它们都含有"量少"的含义，这就是传统训诂学所谓的"声同义通"。

2. 交际工具与辅助工具

我们说语言是人类的交际工具，但不等于说人类的交际工具只有语言一种。除了语言之外，人类在长期的社会实践中还创造了很多交际工具，主要有以下三大类：

（1）文字。文字是记录语言的书写符号体系，是仅次于有声语言的交际工具。有声语言给人类交际带来极大的方便、快捷，但在时间和空间上受到限制。因为使用有声语言交际，交际双方必须同时处在听觉范围之内，听不到对方说话或不同时在交际现场，交际就无法进行。文字的创制使语言由凭听觉感知的口头形式转化成为凭视觉感知的书面形式，从而克服了语言在交际中受到的时间和空间限制，大大增强了语言的交际功能。但是同语言相比，文字是属于辅助性的，处于从属地位。首先，文字是记录语言的符号系统，离开了语言，文字就没有了依托。一个民族可以没有文字，但不能没有语言。今天世界上没有文字的语言比有文字的语言多得多，我国共有民族语言70种以上，而有文字的语言不超过20种。其次，从人类历史的发展来看，文字的产生才数千年，而语言已存在几十万年了，在这漫长的历史时期，我们的祖先就是靠语言来进行交际的。因此文字是在语言基础上产生的一种最重要的辅助性交际工具。从跨文化语言交际来看，书面形式的交际也是仅次于口头交际的重要形式，而汉字的独特性不仅表现在习得、使用的难度上，更表现为它承载了丰富的文化信息，是汉文化的结晶。因此使用汉字进行跨文化的书面交际形式，不但具有重要意义，也是跨文化语言交际研究的课题。

（2）盲文和手语。盲文和手语是同有声语言性质一致、功能相同的交际工具，只不过它们是属于特殊群体使用的交际工具。失明的人能习得语言，也能正常使用有声语言进行交际，但他们无法通过视觉途径阅读文字，在接受教育、感知信息时需要一种非视觉形式的符号系统来弥补他们感官上的缺失，盲文就是这样一种交际工具。盲人通过敏锐的触觉触摸盲文符号来进行"阅读"，进而学习各类文化知识，扩大知识面，开阔自身的眼界。手语的使用对象是聋哑人，他们丧失了听觉，无法正常说话，只能利用手语来交际。手语不是一般正常人交际时伴随的手势，它是有规则的，不同的手势也可像有声语言那样分析出"语素""词"等单位，而这些单位可以按照一定的规则进行组合搭配，因此手语是一种视觉符号系统。不同民族都有手语，而且表现出相当多的共同特征，这表明了人类认知的共性；但也表现出相当多的差别，这是文化差异造成的。盲文和手语虽然不能同语言相提并论，但它们有效地解决了特殊群体的交际需要，因此同样具有重要的社会意义。

（3）旗语、灯语和号语。这些符号系统只在有限的范围内使用，因而它们能传递的信息也是有限的。旗语主要用于航海领域，利用两面双色旗通过人的姿势、动作表达一定的意思，大多是关于航海方面的专用术语以及致敬、回应、警告等单一的意思。灯语也主要用于航海领域，是夜间使用的通信工具，利用灯光闪现时间的长短及其组合表示一定的意思，与旗语相当。号语主要用于军事领域，是利用号声的长短及其组合传递信息，战场上的进退、军营里的作息都用号声传达。这类符号系统都只在特定的范围内使用，而且具有极大的功利性实用效能，它们的发展趋势是国际标准化，以便更好地为人们服务。

（二）语言是思维工具

1. 思维依托于语言

"言为心声"，即《尚书》里说的"言者，意之声"，按今天的说法就是语言是用来表达思想的。在西方，不少哲学家、语言学家也持有同样的观点，认为语言是"思想交流的工具"，是人们头脑中"内部状态的外部表现"，句子是"表达一个完整思想的一系列词"。17 世纪英国哲学家洛克（Lock）在《论人类理解》中写过这么一段话："人们的思绪千变万化，自己和别人都能从中获得好处和乐趣。但是思维皆源于心胸，埋藏着无法让别人看到，而且无法显露出来。没有思想交流社会便不会有舒适和优越，所以人们有必要找些外表能感知的符号，以便让别人也知道构成自己思想的意念。这样我们就能理解，人们为什么要用词来作为意念的符号，词用于这一目的是再自然不过的了。"从这段话中可以看出，作者认为意念是存在于心里的，假如人们不打算让别人了解自己的思想，那就不需要语言。可是人们生活在社会中需要交流思想，因此需要给意念找标志。词语正是被用来作为标志才获得了意义。

然而，这里有一个重要事实却被忽略了。太熟悉、太平常的事往往最容易被疏忽，大家天天在说话，人人都在使用语言表达自己的想法，谁也不会去想其中的"机制"，人们只关注你说了什么和怎么说的，不太在意你想了什么和怎么想的。其实，"说什么"或"怎么说"固然重要，但更重要的是你"想什么"和"怎么想"。因为"说什么"和"怎么说"只是思考的结果，"想什么"和"怎么想"才是思考的过程。这里涉及一个重要命题，就是思维必须依赖于语言。

"思维"和"思想"不是一回事：思维是人们认识现实世界的过程；而思想是人们对现实世界认识的结果。用什么方法想问题、想得多想得少、想得到想不到，这种动脑筋去想的活动就是思维；而用不同的方法去想会得到不同的认识，想得多或想得少、想得到或想不到都可能得到不同的认识，这些动脑筋想出来的结果就是思想。从这个意义上说，思维和思想并不是一回事。但思维和思想又有联系：因为不管怎么去想，总会想出来一些结果（没有结果也是一种结果）；反过来，不管是什么样的结果，总是经过想的过程得出来的。从这个意义上说，思维和思想事实上又分不开。所以广义的"思维"，就既包括不同程度或不同阶段想的过程，也包括不同程度或不同阶段想的结果。

语言与上面说的想的过程和想的结果都有非常密切的关系。关于这一点，有人打了一个很形象的比方：就好像种庄稼得有锄头、镰刀等用于耕作的农具，否则就没办法耕种、收割。那么对于人们思维的过程来说，语言也就好像是锄头、镰刀这样的劳动工具，人们正是靠语言才能够去想问题，即进行思维活动的。又好像庄稼长成收割以后得有粮垛、仓库等用于存放粮食的地方，否则就不算收获，也不能供人们使用，对于思维的结果来说，语言就好像是粮垛、仓库这样的存储工具，人们正是靠语言才能够知道想了什么，即把思维的结果固定下来和传递下去。所以可以说，语言是思维的工具，思维的各个方面，包括想的过程和想的结果，实际上都离不开语言。因为要表达概念，就得使用词语，比如要表达"商品"这个概念，就得使用"商品"这个词语；一些脱离具体形象的抽象概念，如"爱情""友谊""政治""经济"等，更得借助词语才能表达出来。而要进行判断或推理，就得用到单句，比如要表达"科学技术是第一生产力"这个判断，就得使用这样的句子；一些比较复杂的叙述和论证，如现在正在讨论的"语言与思维的关系"这个问题，更得借助许多句子，甚至是语段和篇章才可能说得清楚。

思维依托于语言，特定的语言形式还会对特定民族的思维产生反作用。日本学者中村元在他所著的《东方民族的思维方法》中，把语言、思维、文化联系起来考察，得出了许多精辟的见解。比如在谈到日本到现在还没有发展出用纯粹的日语来表述的哲学时，他认为原因在于纯粹的日语不像梵语、希腊语、德语那样适合于哲学的思索。因为日语没有完全确立抽象名词构成法，没有把形容词转化为相应的抽象名词的形式，日语中不存在动词不定式，也缺少关系代词，而这些语言形式是进行抽象思维的"工具"。因此当人们用日语进行严密的思考时就显得力不从心。他认为，由于这些语言体系中存在不足之处，人们很难用日语进行准确的、科学的表述，妨碍了日本人逻辑思维能力的发展。

2. 语言取决于思维

语言是人创造的，是特定民族精神创造活动的结果。这种精神创造活动就是思维，表现为人对外在物质世界的感知和认识。不同的民族有不同的思维方式，人们在从事改造物质世界的实践活动（生产活动和社会文化活动）时的体验、感受和经验，全都通过特定的思维方式反映在语言中。可以说，语言就是人类建立的、通过特定思维方式感知和认识的关于外在物质世界的镜像。按照学者们的说法，客观物质世界（存在）在人们面前呈现出由思维决定的语言"样本"，语言本质上是"被领悟的存在"。

从语言产生的过程来看，是人类的精神创造活动产生了语言。人类起源的历史就是人类创造性劳动形成的历史。创造性的劳动是人与动物区别的根本点，而语言正是在这一创造性劳动过程中产生的。原始人的群体劳动使语言的使用成为需要。改造自然的劳动使原始人对自然获得了新的观念，使人类的思维得以发生和发展，使语言构造所需要的意义单位得以形成。为了适应劳动的需要，直立行走的进化改造了人的发音器官，使人们能发出语言构造所需要的众多分音节的语音形式。当某些特定的音节与某些特定的意义在经常的使用中分别成为固定的单位，人们就创造出了第一批简单的词语。语言起源过程同类人猿进化过程是一致的。人类起源过程所创造的文化通常称原始文化，这种原始文化是原始人类思维发展的结果，没有原始文化的创造就不可能有原始的语言。

从现实语言的概念体系构成来看，也可以明显地看到人们对外在物质世界感知和认识的"痕迹"。唯物主义认识论的一条基本原理是"存在决定意识"，那么通过人们的感知和认识，客观的"存在"应该与语言中反映出来的"存在"是一致的。但事实并非如此，因为语言中概念体系的构成取决于我们的思维，也就是取决于我们感知和认识世界的能力和方式。比如距离地球亿万光年的某个天体固然是一种客观"存在"，但是假如尚未被我们所认知，没有编入语言的概念体系，没有赋予一定形式的语言符号，那么在我们的语言中就没有这样的"存在"。相反，客观世界中并不存在的许多事物、现象和事件，如上帝、神仙、鬼怪等虚幻概念，天堂、地狱、仙境的传说，神话和童话中虚构的人物和事件，却由于已经构成了概念和叙述，成了语言概念体系的一部分。

既然语言取决于思维，而特定的思维方式又形成了特定的文化，那么不同民族的文化差异导致语言差异就是顺理成章的了。文化人类学家沃尔夫（Whorf）

关于霍比语和印欧语的对比研究就是一个很好的案例。沃尔夫把印欧语系语言看作一个同质的集合，称为 SAE。他详细地考察了 SAE 语言和霍比语中关于"时间""空间"和"物质"等概念与语言结构的关系，考察了文化和行为的规范与语言类型之间的关系，认为霍比语和 SAE 语言有天壤之别，其差异不是语音、词汇、语法等方面的不同，而是不同思维方式导致的"质"的差异。如欧洲诸语言区分个体名词和物质名词，而在霍比语里一切名词都是个体的；欧洲诸语言把"物质""实体"和"形式"相对立，霍比语却没有这种对立；英语中 lightning（闪电）、wave（波浪）、flame（火焰）、meteor（流星）等表示的概念都是名词，而在霍比语里这些表示短暂性事物的概念都是动词。沃尔夫认为，SAE 语言和霍比语的种种差异同文化类型上的差异相关。

第二节　跨文化交际

一、跨文化交际的概念及学科背景

（一）跨文化交际的概念

"跨文化交际"的概念可以这样界定：在特定的交际情景中，具有不同的文化背景的交际者使用同一种语言（母语或目的语）进行的口语交际。

这个概念界定是明确的，它是立足于对外汉语专业的需要界定的，因而与一般的跨文化交际概念是有区别的。从上述概念界定来看，它包含以下几个要点：

1. 交际双方必须来自不同的文化背景

文化背景的差异是一个宽泛的概念，既指不同文化圈之间的差异，也指同一文化圈内部亚文化之间的差异。不过立足对外汉语专业，文化差异主要指不同文化圈之间的差异，尤其是中国和欧美国家的文化差异。因为从跨文化交际的实际情形来看，由于文化背景的差异导致交际失误并引起冲突的主要是中国和欧美国家的人际交往。中国同亚洲地区国家，如日本、韩国以及东南亚一些国家的人际交往，虽然也有文化差异的一面，但要顺利得多，这是因为这些国家与中国同属于东方文化圈，彼此之间在文化取向和交际规范方面有很多相通的地方。

2. 交际双方必须使用同一种语言交际

这是显而易见的，假如一方使用一种语言，而另一方使用另外一种不同的语言，交际是无法进行的。但是，既然交际的双方来自不同的文化背景，又要使用同一种语言，那么用来交际的这种语言对一方来说是母语，而对另一方来说必然是第二语言（习得的"目的语"）。比如一个中国人与一个美国人交谈，他们可以选择使用汉语，也可以选择使用英语，这样他们就可以用同一种语言直接交际，而不需要通过翻译这个中间环节。这样界定的着眼点也是由对外汉语专业的特点决定的。

3. 交际双方进行的是实时的口语交际

跨文化交际的途径多种多样。可以是语言符号的交际，也可以是非语言符号的交际，如商品、画报、实物、影像、演出等其他物化形式符号的交际；可以是现场的双向交际，也可以是通过媒介的单向交际，如电视、广播、报刊、广告等传播方式的交际；可以是口语交际，也可以是书面交际，如信函、公文等的来往。从对外汉语专业来看，我们着眼的主要是实时的口语交际，即双方面对面的交谈。此外也包括伴随口语交际可能发生的书面语交际，即文字传播方式的交际。

4. 交际双方进行的是直接的言语交际

当前国内的跨文化交际研究主要集中在外语教学界。外语教学当然要注重跨文化交际，但他们的研究中有一个很重要的方面就是翻译，包括口译和笔译。因为外语专业毕业的学生将有很多从事对外交流工作，这项工作的要求之一就是能通晓两种语言，能在跨语言交际中充当翻译角色。换句话说，文化背景的差异主要由"翻译"这个中介来解决。而对外汉语专业却不一样，这个学科的任务是教会外国人说中国话，包括中国文化的对外传播，所以着眼点在交际双方的直接交际，而不是通过"翻译"这个中介来完成交际任务。因此我们基本上不涉及翻译问题，而侧重语用规范，通过了解对方文化的价值取向和行为规范，协调双方交际中涉及的文化因素，从而保证交际的有效性。

（二）跨文化交际的学科背景

跨文化交际是一门年轻的学科，它是在国际交往日益频繁、全球经济一体化的特定时代产生的新兴学科。在中国，跨文化交际研究是改革开放的产物，是汉语国际推广战略决策的需要。跨文化交际又是一门综合性学科，它是当代社会科学学科综合研究的结果，学科背景主要涉及文化语言学、社会语言学、言语交际学。其中文化语言学凸显"文化"的侧面，社会语言学凸显"社会"的侧面，而言语交际学凸显"交际"的侧面，这三个不同的侧面都围绕语言符号与非语言符号的"语用"这个核心。跨文化交际正是在这个基础上建立起的综合性的语言学科。

1. 文化语言学

文化语言学是从文化学角度对语言进行研究。它把语言看作民族文化的模式和构成民族文化的符号系统，旨在揭示隐藏在语言形式、语言结构、语言运用和语言变化背后的文化内涵。文化语言学认为，人类的文化世界就是语言世界，语言与文化有一种"互塑互动"的作用，要想透彻了解语言的文化属性、语言的文化功能以及文化对语言的影响，就必须深刻揭示语言与文化的关系。因此，语言与文化的关系就是文化语言学研究始终关注的焦点，也是文化语言学的研究对象。

文化可以分为历史文化和现时文化。历史文化是人们往昔的文化活动的轨迹，现时文化是人们今日从事文化活动的状态。然而文化是属于意识形态范畴的东西，人们的文化活动是一个代代相传、连续不断的过程，历史文化和现时文化之间不可能判若鸿沟。历史文化是现时文化的渊源，现时文化又是历史文化在当今时代的投影。任何民族的文化发展和变异都不可能摆脱历史文化的影响，而且还要以对历史文化遗产的批判继承为根据和前提。古今各个文化阶段中连绵不断、一脉相承的成分，构成了本民族的文化传统。

跨文化交际研究中关于民族文化的阐述，关于文化与语言的关系的阐述，很多都来自文化语言学的研究成果。不过文化语言学的研究通常侧重某种特定民族文化和某种特定语言之间的关系，而不关注跨文化、跨语言的研究，这个领域正是跨文化交际研究的领地。

2. 社会语言学

社会语言学是研究语言与社会的关系的一门新兴学科。它从不同的社会科学（社会学、人类学、民族学、心理学、地理学、历史学等）角度来考察语言，进而研究在不同的社会条件下产生的语言变异。"不同的社会条件"是一种变素，而"语言变异"也是一种变素，因此我们可以把社会语言学看成是研究社会与语言的共性变化的一门学科。

社会就是以共同的物质生产活动为基础而相互联系的人类生活共同体，是人们交互作用的产物，这个定义揭示了社会的本质属性。但从社会语言学的关注点来看，可以把社会定义为"任何为某种或多种特定的目的而结合在一起的人的群体"。这个定义比较宽泛，涉及面也比较宽广，但是很有用。因为在讨论社会语言学时必须考虑多种多样的社会、多种多样的社会集团。在中国历史上，除了较早时期以外，"社会"这个概念始终是与集团有关的。对于社会学家、政治学家和历史学家来说，他们或许关心的是社会的本质属性；但对社会语言学家来说，他们关心的是它的群体性和集团性。

语言是一个特定社会的成员所说的话，这个定义是简明扼要的，但又是不完整的。当我们试图去描写一个社会的语言时，能拿来讨论的"语言"这个概念本身就有问题。语言不是为人类世界原已存在的种种事物增设标志或名称的单纯汇集。每一社会集团都生活在不同于其他社会集团的社会中。这些差别既反映在言语社会的文化组成成分中，也反映在它们的语言系统中。有时候，一个社会是多语的，许多人会使用不止一种语言；而同一个人，几乎毫无例外地会随着环境的变化而调整自己的语言。

语言和社会不是各自独立的，它们之间存在着错综复杂的关系。语言是在特定的交际环境中形成的。它既起源于物种的个体发生，也起源于全人类的进化和每个人的生命史，还起源于社会交际行为。语言和社会的关系是辩证的，语言是人类通过交际来应付生活、应付世界的前语言和原始语言这个序列的产物，因此语言与社会的关系的研究将把我们引入一个广阔的研究天地。

跨文化交际研究中关于社会关系的阐述，关于社会角色与言语行为的关系的阐述，很多都来自社会语言学的研究成果。不过社会语言学的研究通常侧重某种特定社会形态和某种特定语言之间的关系，而不关注跨社会、跨语言的研究，这个领域正是跨文化交际研究的领地。

3. 言语交际学

言语交际学是研究言语交际现象及其规律的学科，是一门语言学分支学科。言语交际学的出发点和落脚点是语言的使用，它研究语言用于交际的动态形式，揭示其语用规律，因此它从一开始就是站在语言科学阵地上来考查言语交际现象的。

语言学界已经取得这样的共识：人们用来互通信息、交流思想的语言，是人类社会所独有的一种特殊社会现象。其特殊性就在于它是专门用来交际的，语言的生命力和存在价值就在于交际；离开了人们的社会交际，语言既不可能产生，也不可能存在和发展。"语言是人类最重要的交际工具"这个定义就是着眼于语言的社会本质，从交际功能的角度做出的科学概括。语言的社会实践，体现于言语交际活动中；语言的交际功能，实际上是一种社会功能。这是它的基本功能，其他功能都是由此派生出来的。

言语交际学正是抓住语言这一社会现象的特殊性，从交际的角度来研究语言的，而不是把语言以外的其他社会因素列为研究对象，即使涉及有关社会因素，目的还在于考察这些因素对言语交际所产生的影响，主要是对语言进入交际以后在结构和功能上所产生的影响。这是作为语言学分支学科的言语交际学和作为社会学分支学科的各种交际学在学科性质上的分水岭。这当然没有什么高下之分，只是出于明确学科自身性质的目的，不得不先把言语交际学从各种属于社会学的"交际学"中划分出来，使其在一片"向外拓展"的呼声中能保持清醒的学科意识，不致偏离语言学。

二、跨文化交际研究的时代必要性

（一）全球一体化的时代特征

20世纪人类科学技术有了突破性的发展，极大地改变了世界的格局和人类的生活方式。现代交通高速发展，航班日益增加，游轮频繁出入，火车不断提速，高速公路纵横交错，家用轿车以更快的速度、在更大范围内普及，这使得人们之间的交往空前频繁。现代通信技术高度发达，移动电话迅速普及，可视电话广泛应用，使得人们之间沟通畅通。尤其是电脑的普及和国际互联网的诞生，使人类的生活形态进入了一个崭新的时代，突破了以往生活功能空间的限制，办公无纸化、商务电子化、生活网络化、沟通互动化等无不在人们眼前展现一个"虚拟的世界"。这些巨大变化的一个核心就是人和人之间的时间、空间距离被拉近了，巨大的地球被压缩成一个小小的"地球村"，人们可以像村民在小村子里一样，随时、随地地串门、聚会、交往、沟通。

与此同步，全球经济一体化的进程也日益加速。经济是一个国家、一个民族、一个地区的命脉，围绕着经济的发展，国家、民族、地区之间在政治、文化、科技、贸易等方面的交往日益频繁。这种交往可以表现为合作、援助，也可以表现为交涉、斡旋，乃至于冲突、战争，使得世界日益形成一个多元化的格局，而且变得精彩纷呈、变化无穷。事实表明，无论是哪种类型的交往，万变不离其宗的是大家必须沟通，需要接触、会晤、谈判、协商、讨论，这就是外交舞台特别精彩的根本原因。所有这些所谓的"外交"都是典型的跨文化交际，因为尽管现代科技的发展拉近了人们之间的时间和空间距离，却无法拉近人们之间的心理距离。不同的国家、民族由于不同的历史渊源、不同的社会习俗，形成了特定的文化背景，特定的文化背景又形成了不同的价值取向、思维方式、社会规范、语用规则，这些因素给跨文化交际带来的潜在障碍、低效率沟通、相互误解以及可能导致的文化冲突，都会给人类带来不必要的灾难。

跨文化交际作为一门新兴的边缘学科，正是在这样的时代背景下产生的，这个领域的研究无疑是为了适应日益发达的跨文化国际交往和人际交往的需要，因此这门学科必须研究不同文化背景形成的价值取向、思维方式的差异，必须研究不同社会结构导致的角色关系、行为规范的差异，必须研究不同民族习俗积淀的文化符号、代码系统的差异，必须研究不同交际情景制约的语用规则、交际方式的差异。所有这些研究不但要进行深入的理论探索，还要注重实际的应用研究，这样才能使这门学科更科学、更完善、更丰满，从而更好地为这个时代服务。

（二）汉语国际推广的战略需求

新中国成立以后，出于国际交往的需要，政府有关部门便开始组织、实施对外汉语教学，至今已经历了半个世纪。20 世纪 70 年代末改革开放以后，随着中国经济腾飞，综合国力和国际地位提高，"汉语热"掀起了高潮，我国的对外汉语教学事业出现了突飞猛进的发展。2005 年 7 月，我国的对外汉语教学又进入了新阶段，以北京首届"世界汉语大会"的召开为标志，我国的对外汉语教学在继续深入做好来华留学生汉语教学工作的同时，开始把眼光转向汉语国际推广，即不但要把留学生"请进来"，更要把对外汉语教师"派出去"。这在我国对外汉语教学发展史上是一个历史的转折点，是里程碑式的转变。国家汉语国际推广领导小组强调要突出重点，切实加强汉语国际推广能力建设，切实加强师资队伍建设，突破教材开发瓶颈，继续加快孔子学院包括网上孔子学院的建设，大力提高市场运作能力；强调要解放思想，创新体制，通过 5 至 10 年的努力，使汉语国际推广体系更加健全，体制更加灵活多样，从而更好地满足海外汉语学习的需求，促进我国与世界各国经济、文化的合作与交流。

国家的这个战略决策意味着将有越来越多的教师通过国家公派或校际交流途径赴国外从事汉语教学，而作为 TCFL（即在非目的语环境中进行的、将汉语作为外语的教学）的教师面临的一个挑战就是必须具有很强的生存能力和适应能力，也就是说必须具有很强的跨文化言语交际能力。2006 年国家公派出国教师的选拔工作无论在形式上还是在内容上都有了很大的改革，除了专业测试外，还有外语测试、心理测试等；除了进行试讲外，还要组织通过录像评课。在面试中不但强调教师的跨文化交际知识与能力，还有专家来评估教师在国外工作应具备的适应能力。这就要求我们对跨文化交际的研究能跟上时代的步伐，适应形势的需要，因此加快、加深这个领域的研究势在必行。跨文化言语交际的研究不但要有理论上的拓展和深化，还要在应用研究上下功夫，这对跨文化交际学科来说，不但是挑战，更是迫在眉睫的时代需求。

第二章　文化因素与跨文化交际

第一节　文化背景因素与跨文化交际

在现实生活中，人们的言行举止都自觉或不自觉地遵守社会的习俗规范，都是特定社会群体价值观的真实写照。比如在日常生活中，善于展示个性，崇尚标新立异，是美国社会中价值观的重要体现，是他们为人处世的信条；而在中国社会，这样的所作所为可能会被看成"另类"，受到群体的非议，难以融合到主流社会群体中。同样，中国人为人处世善于变通，可塑性极强，所谓"世事洞明皆学问，人情练达是文章"，但这样的风格在美国文化中却难以获得认同，反而会给人以不诚实、模棱两可、不可捉摸的感觉，妨碍人际关系的相处。所有这些表象背后，都是文化因素在起作用，因此在跨文化交际研究中，文化因素的探讨是最重要的领域之一。

交际离不开赖以生存的文化，赖以生存的文化必然在交际中产生制约作用。从跨文化交际的现实情况来看，影响交际的制约因素集中体现在三个方面：一是价值观念，这是文化特质的深层结构；二是民族性格，这是文化特质的外化表现；三是自然环境，这是文化特质的历史缘由。

一、价值观念

在跨文化交际研究中，价值观是一个至关重要的问题。价值观是文化的底层，不理解价值观的差异就不能理解不同文化之间的根本差异。

价值观具有相对稳定性和持久性。在特定的时间、地点、条件下，人们的价值观总是相对稳定的。比如，人们对某种事物的好坏总有一个特定的看法和评价，在条件不变的情况下这种看法不会改变。但是，随着人们经济地位的改变，价值观也会随之改变，也就是说价值观也处于发展变化之中。一个人的价值观是从出生开始，在家庭和社会的影响下，逐步形成的。一个人所处的社会生产方式及其所处的经济地位，对其价值观的形成有决定性的影响；同时报刊、电视和广播等舆论宣传，以及父母、老师、朋友和公众名人的观点与行为，对一个人的价值观形成也有不可忽视的作用。

（一）群体取向与个人取向

1. 中国社会的群体取向

中国社会崇尚群体取向。所谓群体取向，就是提倡凡事以家庭、社会和国家利益为重，个人利益在必要时可以忽略，甚至牺牲。在当今中国社会，尽管传统的群体意识已远远超过了它原有的意义，但人们对集体或群体仍有很强的归属感。

群体取向的伸延表现为他人取向，中国人的所作所为较多地考虑别人怎么看、怎么说，力求使自己的言行举止符合群体的意志，正所谓"人言可畏"。因此求大同、随大流，避免"另类"行为，成了中国人为人处世的信条。这使中国人养成言行上不愿得罪人、逢人说好话的习惯；主张"审时度势""因势利导""以和为贵"。

2. 西方社会的个人取向

与中国文化相反，在西方社会，尤其是美国，崇拜个人主义。有的学者认为西方的个人主义取向源于 15 世纪文艺复兴时期，个人主义这一重要观念充分体现在以 17 世纪英国哲学家洛克为代表的西方哲学传统之中。根据洛克的观点，"生物的个体是自然的基本单位"。西方的哲学家们认为，社会制度产生于社会秩序建立之前的为个人利益而行动的个体之间的交往之中，这种个人本位的观点对早期美国社会发展影响很大。

西方个人主义取向在英语合成词中也有所体现。美国人都想成为 self-made man（靠自己奋斗成功的人），从中可以看出"个人"在美国生活中所占的位置是何等重要。美国人相信"世界上没有两片树叶是完全一样的"，"你是最棒的"。因此每一个个体都被当作一个完全不同于其他人的独特的个体，他的思维方式、行为都与别人不同。他们拒绝被人们称为某一群体的代表，他们是自主、独立的实体，是一部小机器，一个小宇宙，一个小周天。他们完全不依赖别人而存在，无端地接受别人的帮助被认为是无能，靠父母生活被认为是一种耻辱。

（二）求稳与求变

1. 中国文化的"求稳"心态

天下万事万物总是处在两种状态中，那就是"稳定"与"变化"。群体主义取向决定了"求稳"的选择，因为群体与个体相比，"变"受到限制，不会轻易变。在中国传统社会中，由于儒家中庸哲学思想的影响，中国人习惯在一派和平景象中"相安无事""知足常乐"。人们接受了这种"稳定"观念，相信"万变不离其宗"，善于"以不变应万变"。他们主张"顺其自然"，奉行"安分守己"，向往"安居乐业"。国家不能不稳定，家庭不能不和睦，"求稳"的观念深深扎根于中国人的心目之中，中国社会就是在"求稳"的观念下达到了历史的进步。与此相呼应的是道家主张的"无为而有为"，因为"有为"意味着矛盾、冲突，会破坏和谐；"无为"才能防止对立，避免矛盾产生。尽管"易"有崇尚变动的思想，然而它所求的是"变"中的"静"，是一种原地不动的圆圈式的"动"。中国人尚"静"，因为"静是事物的根"。

但是"变"与"不变"是相对而言的，或者说"求稳"只是一种心态。事实上社会不变是不可能的，关键看为什么变、如何变、变得怎么样。中国几千年的封建社会不断发生改朝换代，变化很多。不得不承认，几千年来中国正是在"稳定"中求生存，求发展，求进步的。这就是中华民族的文化得以延续并保存完整的历史原因。

2. 西方文化的"求变"心态

与中国文化形成对照的是美国为代表的西方文化。崇尚个人主义取向的美国人更倾向于"求变"。在美国人的心目中，核心思想是"无物不变"，而且变化永不停止。变化表现为不断打破常规、不断创新的精神。他们不满足于已取得的成就，不执着于传统的秩序，不甘受制于家庭、经济、教育乃至个人能力的条件。

（三）"性本善"与"性本恶"

1. 儒家文化的"性善说"

人性指人区别于动物的根本属性，人性有善恶之分，于是对于人性本质属性的假设，就成为重要的价值取向范畴。中国人传统的人性论是性善为本，即"人之初，性本善"，认为人天生是善的。这种人性论源于孔子思想，他认为"人者，仁也"，"仁者爱人""为仁由己"，因此孔子主张性本善。孟子发展了孔子性本善说，注重发扬人的"恻隐之心""羞恶之心""辞让之心""是非之心"等与生俱来的善性。这构成了中国文化中的人性论。

"性本善"直接影响人们的为人处世，如传统的儒家文化强调人们要从善性出发，并固守善性，提倡"安分守己""安于现状""知足常乐"。今天我们提倡"八荣八耻"，就是这种传统观念在新时代的"翻版"。因此有些西方学者把中国文化称之为"善感文化"或"耻感文化"。中国人习惯于省身慎独，柔软宽容，好静顺从，相互依赖，这与中国人"求稳""求静"的心态是一脉相承的。从这个意义上讲，中国人特别强调"做人"，做人就是做"好人"，这是社会的期待。

中国文化主张"性本善"，这是文化特质所决定的，有其必然性，也有其合理性。但在如何惩治"恶"的方面，仅仅靠自我反省、自我约束、自我修身是远远不够的；仅仅依靠社会道德范畴的约束机制，不能从根本上保证人人成为善人。因此法治是必须的，法律作为维持社会公平、合理的工具，是任何文化都必须包含的内容。正因为这个缘故，中国改革开放的一个重要保障，就是进一步健全法制，以法治国，维系社会安定，保证改革开放的顺利进行。

2. 西方宗教的"原罪说"

与"性本善"的人性论相反，西方人性论是"人之初，性本恶"，这就是西方学者所谓的"原罪说"。

很多西方学者把西方文化称之为"罪感文化"，这个概念就来源于"原罪说"。西方人普遍信奉宗教，以此作为为人处世的信条，作为自我约束的手段。

二、民族性格

以价值观念为基础的民族性格，是了解一个民族的文化和行为的重要方面。如果说价值观念是文化特质的深层结构，那么民族性格就是文化特质的外化表现。因此民族性格是可感知的行为特征，对交际行为有着直接的支配作用。那么，什么是民族性格呢？简单地说，民族性格就是指一个民族在对人、对事的态度和行为方式上所表现出来的心理特点，是一种总体的价值取向。性格的表现是心理特征，性格的根由来自态度取向。

（一）态度取向

态度可以理解为对人、对事的一种心理倾向，它决定人们是积极地、肯定地还是消极地、否定地对待某人、某事或某种行为。根据社会心理学家的研究，态度由认知、情感和意动三个范畴构成。也就是说，如果我们的任何心理倾向在某种程度上具备了认知、情感和意动的内容，那么就形成了态度。尽管态度泛指主体对人或事物的一种心理倾向，但多数心理学家都把他们的研究重点集中在人们对待其他文化群体所持的态度方面，从而引导人们与不同文化群体的人们进行有效的跨文化交际。认知成分被概括为一个人对人或物的信念或真实知识。情感成分包括一个人对某些人或物的评价、爱好和情绪反应。意动成分则指向人或物的外显行为。

"认知"成分指人们对某种对象所持的思想、信念及知识。它是指人或物被感知到的方式，即在大脑中形成的心理映象。比如很多人相信黑人擅长歌舞和体育运动、日本人拘谨礼貌、美国人慷慨大方、中国人好客、德国人严谨、犹太人富有等。这些信念在人际交往时常常使人们先入为主，这显然是一种思维定式。

"情感"成分指人们对某种对象在评价方面的反应，是带有主观爱好的情绪表现。在日常交际中，情感成分往往比认知成分更重要。有时交际双方可能有相类似的信息或共识，却在情绪上表现出对立。态度扎根于情感之中，而情感又具有执着的特点，所以一般来说态度相当稳定。

"意动"成分指人们对某种对象的行为意向，意动成分受认知和情感成分影响。如一个有民族中心主义倾向的人，往往会产生某种偏见，歧视其他种族的人，产生排斥群体外成员的意向。

人们选择自己的态度，完全是心理需求的结果，也就是说人的态度是为心理功能服务的。一些学者认为态度具有四种功能：一是功利实现功能，人们持有某种态度是因为可以得到某种利益；二是自我防御功能，人们通过某种态度来保护他们的自身利益和自我形象；三是价值表现功能，人们用态度来表示自尊，并肯定自我形象；四是客体认知功能，人们持有某种态度来证明他们拥有支配世界的知识。

（二）性格特征

民族性格的差异是显而易见的。学者们对中国和美国的民族性格的分析研究很多，然而看法并不完全一致。虽然民族性格是可以感知的，但要加以理性的、准确的概括不是件容易事。总体看，有些特征学界的看法还是比较一致的。

中国的民族性格比较突出地表现出如下一些特征：中庸恭谦，内敛含蓄；情感本位，和平宽厚；聪慧灵巧，机动权变；勤俭耐劳，安贫乐道；家庭至上，崇拜权威；具象思维，整体把握。

美国的民族性格比较突出地表现出如下一些特征：自我奋斗，不信天命；相互独立，尊重隐私；讲究效率，勇于创新；不拘礼节，坦率真诚；平等、民主、自由；好动、善变、求异。

三、自然环境

（一）地理环境

地理环境包括一个民族所处的地理位置和气候条件。多数人类学家、社会学家都认为一个民族的地理环境对民族文化的形成起着决定性作用，在经济不发达的古代社会尤其如此。文化和环境的关系，主要表现为地理环境在很大程度上决定了人们的生存方式、生产方式，进而决定人们的行为模式、社会规范。

1. 亚洲大陆文化的特征

中国位于亚洲大陆。西边是高耸的喜马拉雅山脉，在古代几乎难以逾越；东边是茫茫大海，没有发达的航海设施和技巧也只能"望洋兴叹"；南边在古代是尚未开发的不毛之地，瘴气弥漫难以穿越；北边虽然开阔，又被秦始皇修了万里长城，筑起了一道人为的屏障。中华民族就生活在这样一个"包围圈"里，完全被自然环境所封闭。但同时，中国幅员辽阔，文化发祥地是黄河流域，气候属温带，适合农耕。这样的地理位置和气候条件使中华民族发展了以农业为主的经济，并养成了与其相适应的生活习惯。中国古代有本末之别，"本"指农业，"末"指商业，"重本轻末"的观念根深蒂固，因此中国人尚农轻商，靠土为生。

环境的封闭带来了生活的稳定，农业生产促成了小农经济。经济小农化，国家家庭化，社会等级化，礼仪规范化，中华民族的传统价值观念、民族性格就在这个起点上演绎出来了。

2. 欧洲岛国文化的特征

希腊是欧洲的一个岛国,四面被茫茫大海所包围。国小资源少,地小只有往外跑,于是他们唯一的选择就是征服大海,去发现新大陆,以拓展自己的生存空间。

出海探险,老弱妇孺留在故土,家庭模式被瓦解;海浪凶险,出海者必须同舟共济,互相结成了平等的契约式关系。于是在海洋国家最早发展了航海业,形成了商业经济。商人集居城里,发展了与其相适应的社会组织,建立了较为民主、平等的契约社会;他们活动在海上,形成了好"动"的取向,求变、好奇成为海洋文化的特点。西方文化及民族性格、与其相适应的价值观念及制约人们行为的社会规范由此诞生。

(二) 建筑风格

西方的哲人曾经说过:我们塑造了建筑物,建筑物也塑造了我们。事实确是这样,民族的建筑风格会受到它存在的文化的影响,同时又反过来影响着人们的生活方式和民族性格。

1. 建筑风格与空间界限

中国的地理环境是封闭的,中国的建筑风格也是封闭的。在中国文化中,没有围墙就称不上"国",所以"国"字用方框围起来;没有围墙就称不上"校园""家园""公园",所以"园"字也用方框围起来。中国文化以筑墙闻名于世,从长城到紫禁城,从村落的土墙到家户的院墙,从四合院的砖墙到田间的竹篱笆。无论国家还是家庭,城市还是农村,工厂还是学校,墙连墙,墙套墙,高的、矮的，宽的、窄的，土的、铁的、木头的、竹子的。长城万里，围定中原；城墙座座，护定都镇；小家院墙，隔划街里。

与崇尚围墙的中国文化形成鲜明对比的是美国人对空间的极端崇尚和高度敏感。美国人使用大小不等的空间来调节群体、家宅。在美国的城市，尤其是典型的中小城市，矿山、工厂、企业、学校，乃至家宅之间空间都相互隔离开来，乡村中农户之间的空间距离可能漫无边际。如果你去参观一所大学，你可能很难辨认学校的起点和终端，学校与其他领地的分界线似乎无处不在，也似乎根本不存在。

2. 建筑风格与文化内涵

其实建筑风格还有更丰富的文化内涵。代表中国文化的北京城的城市建筑以高墙深院的四合院结构为特点。每个四合院好比历史隧道，代表着传统文化。传统的北京民宅里巷有着庄严肃穆之感，它的四合院是有等级的，是家长制的，偏正分明，主次有别。当你走在两面高墙之下的巷道，会有压力之感，因为巷道是有权力的。但北京又是富有人情味的，使你觉得这街、这巷，与你都有些渊源关系似的。北京建筑本身就是文化，就是凝固的历史和传统。而现代美国的大都市纽约则别有一番景象，这座城市的大街是以坐标和数字编码组成的，这座大城市是个千位数，街道是百位数，小巷是十位数，住宅是个位数，这是理据形式的存在。

完全不同的城市建筑，完全不同的生活方式，完全不同的民族个性，完全不同的思维方式，完全不同的交际风格。北京的生活节奏可以说是慢悠悠的，安详宁静，充满了人情味；而纽约的生活节奏是快速的，充满了竞争和铤而走险。北京的四合院主次分明，相互依存，渗透着等级差异；纽约林立的高楼大厦是平等的、独立的，你我分明。北京人人际交往是迂回的、含蓄的、模棱两可的；纽约人人际交往是直截了当的、坦诚直率的、赤裸裸的。北京城是"静"的城市，崇尚精神，与自然和谐；纽约是"动"的城市，崇尚物质，与自然竞争。我们创造了环境，环境反过来又塑造了我们。

第二节　思维方式与跨文化交际的关系

一、思维方式

心理因素首先涉及思维方式，人们对客观世界的认知必须依赖于思维方式，当我们感知外界信息时，会对感知到的信息进行分析、推理、评价、综合等心理加工，通过对信息的加工来获取外界信息的意义。不同文化的人们对外界认知模式存在着差别，他们的思维方式也必然有所区别。思维与语言具有内在的联系，不同文化在思维方式方面的差异会对交际行为产生直接影响。这种直接影响不但表现在语篇结构、编码方式、译码方式、交际风格等方面，而且会导致词法、句法的差异。因此思维方式的差异无疑会使跨文化交际产生障碍或冲突。

（一）整体思维与分析思维

1. 整体思维的特征

东方人以直觉的整体性与和谐的辩证性著称于世，这也是中国文化传统思维的主要特征，东方人的思维属于"领域依附"型的思维活动。

"直觉的整体性"是第一个特点。思维的整体性是指思维的对象、成果及运用思维成果对思维对象加以改造，都表现出整体的特征。中国人习惯于把事物分为对立的两个方面，但这两个对立面被看成是一个不可分割的整体，它们相互制约，相互依存，这就是典型的整体性思维，即整体地去认识自然并改造自然，认识世界并改造世界。因此中国传统文化中对人和自然界关系的认识以"天人合一"为出发点，人和自然的关系不是像西方文化那样被看成截然对立的主体和客体，而是处于统一的结构之中，天与人、阴与阳、精神与物质是不可分割的统一体。同样，在社会中人与人的关系方面，他们也习惯于把个人放在整个人际关系中去把握，强调人与人相互依存、相互作用。

中国传统文化思维的整体性是"直觉"的整体性。所谓"直觉"，就是通过下意识或潜意识活动直接把握事物，明显的特点是对环境中的事物统而摄之，进而产生悟性，得出结论。这种直接纳入人的经验的方式就是直觉思维，它不依靠逻辑思维推理，而是讲究思维中断时的突然领悟，即灵感或顿悟。中国人认为，凭直觉觉察到的东西是最实在的东西，因此中国人在处理问题时，很相信"车到山前必有路，船到桥头自会直"，习惯"走一步，看一步"，敢于"摸着石头过河"。

"和谐的辩证性"是第二个特点。古代中国人没有选择分析的途径，却追求和谐的辩证，即追求公允、协调、互补和自行调节，以此达到事物的平衡和稳定。"辩证"是指思维过程中善于发现事物的对立，并在对立中把握统一，从而达到整体系统的平衡。"和谐"是指中国人善于把握对立面中的统一、统一中的对立，从而达到和谐。《周易》的"阴阳之谓道"，就是辩证思维的最高概括。所以，天为阳、地为阴，白天有太阳、晚上有太阴（月亮），山南称阳、山北称阴，男人要有阳刚之气、女人要有阴柔之道，公开处事为"阳谋"、背后捣鬼为

"阴谋"等等,天下万事万物都由"阴"和"阳"来统摄,又处于一个和谐的整体之中。

2. 分析思维的特征

西方的思维模式以逻辑、分析、线性为特点,这是一种"无领域依附"型的思维活动。西方人注重内在的差别和对立,寻求世界的对立,进行"非此即彼"式的推理判断。古希腊的柏拉图首先提出了"主客二分"的思想。笛卡儿开创的西方近代哲学明确地把主体与客体对立起来,以"主客二分"作为哲学的主导原则,这一原则深刻地影响着近代哲学家,成为认识论的一个基本模式。分析性思维明确区分主体与客体、人与自然、精神与物质、思维与存在、灵魂与肉体、现象与本质,并把两者分离、对立起来,分别对这个二元世界进行深入的分析研究。

分析性思维把整体分解为部分,加以分门别类,把复杂的现象和事物分解为具体的细节或简单的要素,然后深入考察各部分、各细节、各要素在整体中的性质、地位、作用和联系,从而了解其特殊本质。为了解整体及其要素的因果关系,必须把各部分、各细节、各要素割裂开来,抽取出来,孤立起来,因而分析具有孤立、静止、片面特征。美国人的思维就具有这种典型特征,他们强调以经验和事实为依据,看重观察和分析的方式,热衷于搜集资料和数据,是典型的"归纳法"和"实证主义"。

3. 中西方思维方式的差异

中西方思维方式的差异表现在很多方面。比如中医讲究人体的阴阳协调,注重整体的系统性,持有全息观点,通过脉象、舌苔、脸色等观察身体状况,善用针灸点刺穴位来治疗疾病，开出的药方也是众药调和；西医却从解剖入手，分解人的器官，通过医学指标、化验手段和专用仪器检查身体，就事论事对病变的某个部位进行直接的有效治疗。又比如中国传统国画，浓墨淡彩，讲究意境，属于"写意"一派，追求"神似"；西方传统油画，形象生动，栩栩如生，属于"写实"风格，追求"形似"。再比如中国烹调讲究"五味调和"，色、香、味俱全，荤素搭配，汤食协调；西方饮食较为单一，注重营养结构，食物分而食之，却没有中国烹调那么多讲究。中国人看问题习惯从整体到局部，由大到小，先全面考虑，之后缩小范围，考虑具体细节；而西方人则相反。这在汉语和英语的时空表述上表现得最为透彻，同样是表述时间，汉语从大到小，而英语从小到大。

（二）具象思维与抽象思维

1. 具象思维与抽象思维的特征

从思维的结构分析，整体思维倾向于具象的思维模式，即人们以经验为基础，通过由此及彼的类别联系和意义涵摄沟通人与人、人与物、人与社会，进而达到协同效应。具象思维由类比、比喻和象征等思维方式组成。抽象思维，通常也叫作逻辑思维，是以概念、判断、推理作为思维的形式，再通过分析、综合、抽象、概括、比较、分类等途径加以系统化、精确化，并形成相关体系。从本质上看，不同民会具有以上两种不同的思维方式，但由于历史和文化等原因，不同民族会有不同的侧重和选择。从总体上看，中国传统文化思维具有较强的具象性，而西方文化思维则具有较强的抽象性。

中国人的思维偏重具象性，习惯以"实"的形式表示"虚"的概念，以具体的形象表达抽象的内容；习惯用具体的事物进行类比的联想，把事物的相关属性联系起来，从而形成一个完整的认识。思维之中的逻辑性联系可以不很明显，但只要有相关性，就可建立联想。通常也不需准确定义的概念、严格程序的推理，象征的意味较为浓重，思维的结果也以整体性感悟为归宿，不必条分缕析，追求精确。具象思维所依托的是类比、比喻、象征等思维过程，在性质上它们都属于同一范畴。比喻是类比的一种表现形式；象征是比喻的一种表现形式，三者都以经验和具象为基础，都是借助于某种物的具体形象来阐明抽象的概念。

西方人的思维偏重抽象性。这种思维方式的特征主要体现在三个方面：①它以第二信号（语言、文字、数字、符号）作为思想或思维的工具；②它以各种概念、判断和推理作为思维形式；③它以分析、综合、抽象、概括、比较、分类、系统化作为思维的基本过程。抽象思维之所以抽象是因为它以语言这种抽象符号作为思维工具。经过抽象思维得出的原理、法则、定律等被广泛应用。美国文化偏爱的抽象思维是通过归纳法表现出来的，而英国文化执着的抽象思维则是通过演绎法表现出来的。

2. 两种思维方式在语言上的表现

不同的思维方式在语言上表现出不同的倾向：汉语重语义，英语重结构；汉语形象化、隐喻性较强，英语抽象化、逻辑性较强。

3. 两种思维方式在文字上的表现

世界上各民族的文字，总体上可以分为两大类：表音文字和表意文字。西方文字属于表音文字系统，拼音字母与语言中的声音单位（音素或音节）相联系，以形标音，是线性文字。西方文字的这种特点是西方人重抽象思维的必然结果。汉字是典型的表意文字，字形与语言中的意义单位（语素）相联系，以形写意，而且形、音、义三位一体，是平面型文字。汉字的这种特点也是中国人重具象思维的必然结果，充分体现了汉民族"寻象以观意"的思维特点。

二、民族中心主义

(一) 民族中心主义与定式偏见

1. 定式与偏见

定式是一种思维定式，是过于一般化的、过于简单化的、过于忽略细节的、过于夸大某种信念的认知方式。定式往往带有既定的信念和情感，所以有的学者把它比喻为人们头脑中"默认"的设置。定式对跨文化交际有直接影响，因为我们在交往时对对方的行为的预测肯定是以我们对其文化的既定看法为基础的。定式越准确，对对方行为的预测越准确，交际就越顺利；反之，定式有偏差，效果必然相反。定式可能是真实的或部分真实的，也可能是部分错误或完全错误的，因为它们都是从过于一般化或极端化的事实中生发出来的。这些过于简单化的定式范畴，却常常是我们与不同文化的人们交往时帮助我们预测他们交际行为的依据。尽管定式是一种过于简单化的认知态度，但也有其复杂的一面。定式可能表现在对不同文化或群体的特性描述的明晰度方面，也可能表现在对不同文化或群体的性格取得的共识方面，还可能表现在对不同文化或群体的积极和消极评价方面，总之，与定式的合理性程度有关。

2. 民族中心主义

民族中心主义是民族自尊、民族优越感的极端心态所产生的一种定式与偏见。当某一个民族把自己看成是世界的中心时，民族中心主义就产生了。民族中心主义是指某个民族把自己当作世界的中心，把本民族的文化当作对待其他民族的参照系，它以自己的文化标准来衡量其他民族的行为，并把自己的文化与其他文化对立起来。当然，某一群体成员根据自己群体的文化准则去判断或评价其他群体成员的行为时，也属于群体中心主义，是民族中心主义的"变体"。民族中心主义的心态往往是无意识的产物，因为人们常常理所当然地认为自己民族或群体的价值观念、社会规范、语用规则等要比其他民族或群体的价值观念、社会规范、语用规则等更加真实、更加合理、更加正确。因此世界上任何民族、任何群体的成员都常常自觉和不自觉地表现出程度不同的民族中心主义情绪。

古代中国，在相当长一段时间内，有很强的民族中心主义，这是过于强烈的民族自尊心的产物。古代中国之所以叫作"华夏"，因为这是大国之号。"华"，光华也，荣华也；"夏"，大也。有礼仪之博，故称大；有服章之美，故称华。我们叫作中国，又叫中华，历史上还曾叫作"齐"。"齐"是"脐"的通假字，谓人身之中，从名称上看都来源于中国的地理中心观念，"中国"即天下中央之国。古往今来，历朝历代的称谓前都要冠以"大"字：大汉天子、大唐皇帝、大明皇朝、大清帝国。同时古代中国又把那些非华夏文化的民族称之为夷、戎、蛮、狄。古代"夷"从"尾"（因为夷人留辫子，似尾），"戎""狄"从"犬"，"蛮"从"虫"。可见当时"中国"表现出大国对外来文化的蔑视，这些都在不同程度上反映出我国古代的民族中心主义。事实上，其他民族和国家亦然。西方这种民族中心主义可追溯到古代希腊。古希腊人使用"野蛮人"来称呼世界上的其他民族，只是因为他们不会说希腊语，当时的埃及和波斯被希腊人看成是低等民族。英国人把本初子午线确定在伦敦附近的格林尼治，画地图时也把欧洲当作世界的中心。美国人则以"新世界"的中心自居，他们从小就受到美国是世界中心的教育，认为美国文明是世界上最先进、最正确的文明楷模。美国人的心态以自己的价值评判作为依据，不仅仅因为他们经济发展水平较高，也是他们从心底里认为别的民族和国家应该向他们看齐。因此，可以说民族中心主义是一种很普遍的现象，又是一个很复杂的问题。大至国家、政府，小到某个社会的具体成员，可能是一种有意识的态度，也可能是一种无意识的态度，人人都有可能表现出民族中心主义。民族中心主义既有一定的积极作用，也有相当的消极作用。

（二）民族中心主义与交际距离

1. "民族中心主义"的消极影响

由定式与偏见产生的民族中心主义以多种形式影响跨文化交往，有的可能有积极作用，有的常常对交际构成障碍，把跨文化交际的效果降到了最低。民族中心主义对跨文化交际的危害主要表现为：第一，民族中心主义者关于自己文化的一些信条形成了某种社会归属感，这种归属感是狭隘的、排外的。第二，民族中心主义者一般都把有其他文化背景的人归入某种特定的文化定式。第三，民族中心主义的动力在于首先认为自己的文化是正常的、自然的，再将其他文化与自己的文化进行比较，结果是抬高自己的文化，贬低别人的文化。

民族中心主义对跨文化交际的影响是很大的，它的直接后果就是导致交际距离。这种态度会直接影响交际的方方面面，包括说话人对对方的蔑视态度，以及说话人说话的内容、说话的速度、说话的口气等。交际距离是难以直接测量的，但又是人们能感觉到的。也就是说，在交谈过程中我们对交际距离的意识在很大程度上取决于对某些言语手段的知觉和对非言语手段的领悟，说话人的轻蔑态度往往溢于言表，反感情绪难以掩饰。交际距离实际上是交际中产生障碍的心理距离，通常有：①漠不关心的距离，表现为对不同文化群体成员的漠不关心或麻木不仁，缺乏敏感性；②回避交往的距离，表现为有意识地回避或限制与不同文化群体成员的交往；③蔑视反感的距离，表现为对不同文化群体成员的反感或敌意，或表现出一种蔑视的态度；④心理补偿的距离，表现为当不同文化群体发生灾难、遭受损失时，产生一种幸灾乐祸的心理。

2."文化相对主义"的积极态度

显而易见，民族中心主义对跨文化交际的影响是极其重要的，我们应采取的态度恰恰是民族中心主义的反面，即"文化相对主义"。也就是说，任何文化都是一种历史形成的客观事实，都有其存在的合理性，不同文化之间有差异，却没有优劣之分。因此，一种文化中的行为只能用该文化自身的准则去理解和评价，这意味着在与不同文化背景的人进行跨文化交际时，只能用对方的价值观念、思维方式、社会规范等作为标准来解释和评价其行为。事实证明，降低民族中心主义所带来的弊端的有效途径是创造机会，加强不同文化群体的接触，唯有频繁接触才能消除偏见，克服民族中心主义。比如在交往中建立平等的地位，建立共同的目标；不同文化群体加强合作，避免不必要的竞争；在尊重彼此法律和习俗的基础上相互交往，创造有利的和谐气氛；共同参与重要活动，产生令人愉快而有利于双方的成果等等。总之，在以上条件下的跨文化交往会在很大程度上帮助我们改变固执的成见、减少偏见和克服民族中心主义。当然这还意味着，在不利条件下，我们必须有意识地审时度势，尽量防止加剧已存在的民族中心主义偏见。

就消除民族偏见而言，除了改善双方的媒体传播质量，达到真正的信息对称之外，与对外汉语专业的教学也有密切关系。在进行跨文化交际的教学时会碰到各种文化定式与偏见。文化本身随着社会的发展而不断地发展，不同历史时期的文化有不同的特点。随着时代的发展，各种文化都处于一种变化的过程。在现代信息社会中，文化的变化更是日新月异。在开放、合作、和平、发展的全球化国际大环境中，要顺利进行跨文化交际，必须理解他国或他民族的文化，若仍按文化定式去交际，则无法沟通。我们要用辩证的、发展的观点来看待问题。在跨文化交际的教学中，我们应该有更多的自信，对西方文化的适度了解只会促进学生的理解和认识，只会让他们对对方深层文化有更多了解，更好地促进跨文化交际的实现。由于历史文化、社会体制等各方面的原因，我们与英语国家存在许多差异，我们应客观分析文化的共性和差异，打破思维定式，既不全盘接受，也不一概否定，引导学生对外国文化持正确的态度，消除传统的偏见。

三、心理环境

心理环境是指人作为主体对客体环境的认知、态度以及如何利用环境等心理状态。从跨文化交际来说，集中体现在"隐私"这一概念上。隐私与客观环境的关系十分密切，它涉及人们如何对待和利用环境因素，如何控制和调节与他人的交往。有的学者认为，从本质上来看，隐私是人们允许接触某一自我或群体的选择性的控制机制。隐私是一种与人交往的选择性控制机制，它制约着我们与谁交往和不与谁交往，制约着我们在什么时候以及什么地方与人交往，制约着我们同别人交往到什么程度。

尽管在某些文化中没有"隐私"这一概念，但这并不意味着这些文化中的成员没有隐私可言。隐私是一种普遍现象，只是它的表现方式和程度上有所不同。有的文化通过物理环境调节或保护隐私，有的文化则依靠心理机制调节或保护隐私。隐私包括大至群体利益的保护，小到个人的私事和隐情。西方学者一般把隐私分为四种情况：一是隐居，即与外界隔绝；二是匿名，即不期望被他人识别；三是亲密度，即只向亲密朋友或知己泄露隐私；四是自我保护，即指一种心理自我保护以防止不必要的骚扰。上述四种隐私在任何一种文化中都有表现，只不过在不同文化中侧重点有所不同而已。

（一）群体领域和个人领域

不同的文化采取不同的方式来调节或控制本民族或本人的领域，以保护本民族或本人的利益。领域学就是研究人们如何支配和使用领域的，领域是为了调节交际而对某一区域群体化或私有化的结果，与其相关的行为称之为"领域行为"。

1. 中国文化的群体隐私观

中国传统文化是一种群体文化，是一种"家"的文化。从国家到宗族、家庭，每个中国人都在为"家"而努力奋斗，个人存在的价值和"家"的命运紧紧相连。因此，中国人的隐私存在于群体与群体之间，大都属于群体内部的秘密，具有很强的集体功利性。维护隐私的目的是为了协调不同群体之间以及社会整体的和谐与稳定，是崇尚集体主义的表现。中国人以家为单位是多数人的信仰、偏好和追求，显示出中国人的群体隐私观。群体隐私的观念应受到承认和尊重，中国人不能轻率地否定传统文化积淀而成的群体隐私观的合理内核，这个合理内核就是集体主义和爱国主义。在这个前提下，中国人善于寻求群体隐私和个体隐私的平衡与和谐，寻求两者的最佳结合。

这种隐私观的外化表现就是"墙"，一种有形的界限，"围墙心态"是中国文化一个十分重要的特点。自古以来中国人习惯以墙为界：城市绕以城墙，单位绕以围墙，家宅绕以院墙，私园绕以篱笆。中国人墙内墙外有别，引申为圈内圈外有别。围墙之内群体自成一统，形成一个不可分割的整体，个人的隐私处于次要位置。以墙为界，墙内的事情不可外扬，即所谓"家丑不可外扬"，即内外有别。说到底，中国人这种传统的崇尚群体隐私的心态是集体或群体取向的必然结果。

2. 西方文化的个体隐私观

西方文化中的隐私一般是关于个人的信息，以及个体认为与社会伦理道德不相符合的想法和事情，是个体价值利益的体现。维护隐私是尊重个性和人权，是崇尚个人主义的表现。在社会中，他们是独立的；在单位中，他们也是独立的；在家中，他们仍然是独立的。为此他们需要构筑自己个人的领域。

美国人崇尚空间，通过空间来构成个人领域，以调节与别人的交往。在他们的心目中，家宅、单位、社区、公共场所，以及与其接壤的邻居间的界限意识十分敏感，他们绝不越雷池一步，不经允许绝不进入别人的领地。这一点对具有不同隐私观的文化成员来讲是难以理解的，美国人以无形的空间代替有形的围墙来作为一种私人领域是十分普遍的。他们需要一段空间距离来保护自己周围那块无形无影的领地。在公司、单位也一样，只要有可能，他们会设置单间作为个人工作室；实在不行，也要用隔板分隔出属于自己的空间。在家里，通常每个家庭成员都有自己的房间，不经允许，家人不能随意进入属于个人的领域。甚至在公共场所，他们也会自觉地构筑个人的空间，无论排队、取款、购物、乘电梯、坐公车，人与人之间总会保持一定的距离，这已成为公共道德的一种体现。

(二) 社会关心和隐私侵犯

1. 中西方隐私观的差异

涉及个人隐私，中西方的差异特别明显，并产生了关于"社会关心"和

"隐私侵犯"的冲突。在中国，所谓的个人隐私在不同程度上具有"公共性"，他们往往受到社会、他人的关心。人们不经允许可以涉足他人的生活领域，不仅不会受到非议，反而被认为是关系亲密、相互关心的表示，乃至已成为道德范畴的评价标准。我们常见这样的提问"吃饭了吗""上哪儿去""多大岁数了""有对象吗""结婚没有""我给你介绍个对象，好吗""你脸色怎么这么难看""昨晚没睡好吗""你的工资是多少""这件衣服真好，多少钱""这套房子花了多少钱"等。向别人提这些问题在西方国家是极不礼貌的，甚至被认为是侵犯别人隐私的表现，但在中国却司空见惯，这些都是常常挂在嘴上的话题，因为我们认为这种话语会使人感到有一种归属感，进而觉得安全、人情味十足。这也是处理人际关系所必需的"程序"，是协调人际关系的必要形式。

除了交际话语之外，很多交际行为也充分体现了中国人的特点。人们可以事先不打招呼突然到朋友家串门，而且可以没完没了地"侃大山"，因为这种行为往往是巩固朋友关系的必要手段。同样，街坊间也可以不经事先预约而邀请别人凑角打麻将，而且被邀者也会"舍命陪君子"，以示关系密切。领导可以在任何时候去下属家看望，这对被访者来讲是荣幸，对领导来讲是关心群众的表现。人们喜欢议论别人，某某犯了错误被降职了、某某买股票赚了钱、某某因生理问题不能生育、某某给领导送了礼等等，是不少人喜欢传递的"小道消息"。议论者从未有侵犯别人隐私的感觉，"侵犯隐私者"也会安全无恙，因为法律上没有侵犯隐私的明文规定。因此在中国的人际关系处理中最怕的是"众口铄金""人言可畏"。

在美国文化中，年龄、工资、日记、私人信件、宗教信仰、家庭关系、夫妻生活、私人友谊、以往过失、特殊疾病、心理偏好、生理特征、个人嗜好、健康状态、婚恋经历、家族身世、财产收入等无不被看成隐私。隐私权在社会中被当作是合法的、合理的、神圣不可侵犯的，也是人们的安全需求。得到它，人们就得到了满足；它受到侵犯，个人就如同受到了侮辱。美国人非常崇尚"私有"这个词，他们拥有私人汽车、私人房间、私人电话、私人洗手间、私人医生、私人财富。他们完全按照自己的意愿、自己的时间表安排活动，不必顾忌别人。他们与谁交朋友、与谁相好、与谁结婚等都完全是个人的事情，哪怕父母亲都不过问，而且这些个人的私事受到法律的保护。当然他们也绝不会去干涉别人的生活，侵犯别人的隐私，这同样是他们的文化规定的社会规范。

2. 中西方隐私调节的方式

中西方在个人隐私方面的差异是一种客观存在，因此各自对隐私的调节机制也完全不同。中国人常把感情，如喜怒哀乐、爱憎好恶以及个人态度等，当作隐私，而其对隐私的处理是采用自我节制的心理压缩的方式。他们常常把自己的真实感情和态度深深地埋在心里，不暴露出来，以适应群体取向或达到社会和谐。美国人则使用物理环境来调节隐私，他们通过关闭的门来保护自己，不论寝室、办公室、家庭中的卫生间还是书房的门都用来调节隐私，一旦门被关上，就自动传递出"请勿打扰"的信息；或者他们会去一个完全陌生的环境，没有任何熟人，以保持自己的独处。总的说来，中西方在"隐私观"方面的差异，受特定文化的价值观念的制约，其都有合理性，也都有利弊得失，并没有优劣、高低之分。值得注意的是应互相了解，以避免在跨文化交际中产生冲突。

第三章　交际社会环境与跨文化交际

有效的交际不仅依赖于对文化背景的认识，也依赖于对社会环境的认识，而社会环境对交际来说实际上就是广义的"交际情景"。因为语码（语言和非语言符号）的使用受制于交际情景，交际情景中的各种社会因素决定谁、在什么时候、在什么地方、说什么、怎样说、对谁说、为何目的等。交际情景主要包括三个要素：

一是交际者。交际者指某一交际行为的参与者，参与者包括说话人（信息发出者）和听话人（信息接受者）。涉及的主要背景情况包括性别、年龄、职业、教育、宗教信仰、经济地位、政治身份、家族背景等。社会身份是决定交际的重要的情景因素，交际双方的社会身份涉及社会的角色关系和人际关系。

二是交际目的。尽管语言能被用来为各种不同的交际目的服务，然而交际目的不同，其语言的使用也会不同。从社会交际的目的来分析，可以分为文化型、职业型、专业型、普通型等类型。以旅游（文化型）为目的涉及的交际，从交际风格到交际内容肯定与以商业谈判（职业型）为目的的交际迥然有别。医生和病人之间的谈话（专业型）与一般性谈话（普通型）肯定不一样，如果医生不使用专业术语，病人会对他的医术产生怀疑。交际目的在很大程度上影响交际，交际目的千差万别，语言使用也精彩纷呈。

三是交际场景。交际场景中最重要的是物理场景,物理场景又可分为空间场景和时间场景。在交际过程中场景这一因素的作用非常重要,即使是交际双方的交际目的相同,交际场景对交际行为的要求也可能有很大的差异,所用的语调、音量、非言语行为乃至词汇和句法等都会受场景因素的制约,如简单的问候语就会因使用的地点和时间不同(室内室外、楼内楼外,早晨晚上)而有很大区别。人们之间的交谈行为也会受场景的影响,这些场景因素包括空间的选择、房间的大小、座位的安排等,它们都可能决定交谈的类型、方式、话题和内容。交际所遵循的场景适应性规则因文化而异,这为跨文化交际带来了困难。当我们置身于不同文化中,即使是较熟悉的场景,但因为不具备与其相应的、内化的交际行为规范,我们就有可能不知所措,心理距离就会拉大。

第一节 角色关系与跨文化交际

一、角色概念

(一) 角色的社会学含义

"角色"这一概念是从戏剧术语中引进社会学领域中的。演员的舞台行为必须遵循剧本对角色的具体要求,它绝不是演员根据本人意愿决定的。社会角色就是某一特定社会群体对某一特定社会身份的行为的期望,人们社会交往从方式到内容都不同程度取决于人们的角色关系。编码、译码过程不仅依靠语码本身,还依靠诸如社会身份、角色关系、交际场景等因素,这就是为什么社会语言学家经常说"角色"和"情景"是社会建筑的基石——它们揭示出人们在社会这个大舞台上是如何演戏的。社会是人际关系组成的，这些关系规定了社会角色，每一个社会成员都不得不承担某种社会角色。人们通过语言和行为来扮演和完成各自的社会角色，同时又通过角色来预测别人的行为。

事实上，社会中的每一个人都存在于同他人的关系之中，对子女来说你是父亲或母亲，对妻子来说你是丈夫，对学生来说你是教师，对下属来说你是领导，对客人来说你是主人，对商家来说你是顾客，对病人来说你是医生等等。在这些人际交往中，你必须按社会对这些角色的期望去行事、说话、与人交往。我们置身于纷繁复杂的角色关系的网络之中，并被要求通过交际去担任各种各样的角色，诸如教师、学生、父亲、母亲、子女、领导、群众、商家、顾客、医生、病人等。我们必须在不同场合、不同时间，根据不同社会关系、不同谈话内容遵守不同的规则。如果我们的行为不符合社会对我们担任的角色的期望，不符合社会规范，那么我们的行为就不会被社会所接受，我们将会受到冷落、受到疏远或受到排斥。

当我们置身于一个不同的文化环境中时，我们应按照该种文化的社会期望和社会规范扮演必须扮演的角色，按其角色去做事、说话和交往，否则就不能取得预期的交际目的。那么如何判断角色在交际中是否达到了某一社会期望呢？通常归结为三点：第一，你的行为是否符合被赋予的社会角色，即你是否选择了准确的角色；第二，角色表现是否恰当，即你的行为是否已达到有关文化评价的规范或标准；第三，行为是否令人信服，即是否使人毫无疑问地认为你已合情合理地进入了角色。

显然被认为是恰当的、合情合理的行为标准因文化而异，社会角色是社会活动的必要的个人行为方式，它必然带有社会评价的痕迹。社会可以认可、赞同，也可以不认可、不赞同。值得注意的是，角色具有使人们的行为规范化的作用，这种期望规定了社会成员的权利、义务和行为模式。如果社会的成员反其道而行之，就会因失范而受到不同的惩罚。比如受到售货员的冷眼；受到教师的批评；受到父亲的责骂；被领导疏远；被观众喝倒彩；被朋友冷落；被亲戚看不起；被视为"另类"而孤立，甚至遭到群起而攻。总之，你在这个社会群体中会难以生存。

（二）角色规范的文化差异

改革开放以来，中西方加强了交往，访学、留学、旅游、工作等成为很普遍的现象，有关角色关系、角色行为的规范差异在跨文化交际中产生的冲突屡见不鲜。

二、角色关系

（一）角色关系的社会类型

影响交际的社会因素很多，其中最重要的恐怕是交际者的社会地位。社会地位可能是差序或垂直的，也可能是平等或平行的。日常交往的情景纷繁复杂，社会角色多种多样，社会关系也各式各样。社会语言学家把形形色色的关系概括为普遍存在的"权势"和"一致性"关系。"权势"通常指上下关系、尊卑关系，也可能以年龄长幼、职业差别、受教育程度高低等情况来确定；"一致性"则指人与人之间平等的关系，通常指社会特征（性别、年龄、种族、家乡、职业、宗教、志趣等）的共同性，也可能是人彼此经验共享、关系亲密等。"权势"关系是不平等的关系，是不能互换的；"一致性"关系是平等的关系，是可以互换的。语言学家已经证明，语言就是"权势"和"一致性"关系的标志。通常较正式的语体标志着交际双方社会地位不平等，而比较随便的语体则标志着双方可能比较亲密或者志趣相投等。

角色关系为交际者在交际过程中理解彼此的信息提供参照系，即起到背景的作用。不同文化背景的人们交际时，需要了解对方的角色，并对行为的社会期望有所了解，这样才能保证交际的有效进行。在交际过程中，交际者可以通过角色关系预测对方的行为，这就是角色可能起到的预测作用。角色的这种作用当然是社会期望对角色行为的规范作用所决定的，因为社会期望为角色制订了行为的规范。

（二）角色关系的文化差异

角色关系对跨文化交际有着特殊的意义，因为角色关系对交际的影响可能因文化而异，相同的角色关系可能要求不同的行为。对跨文化交际来讲，不同文化可能有不同的方式来标志"权势"和"一致性"关系，对其解释也因文化而异。在面对面的交往中，有的文化可能受差序格局的社会结构的影响，偏向"权势"关系；而有的文化可能正相反，偏向"一致性"关系。相对而言，东方文化似乎更青睐于"权势"关系，西方文化则偏爱"一致性"关系。

人际交往的称呼就能反映不同文化的差异。中国人与人交往，如果对方有身份、有地位，常惯以头衔或官衔来称呼对方；孩子对长辈、学生对老师是绝对不能直呼其名的，规定很严格。即使对方并没有什么头衔、官衔，但出于需要，也会使用一些"档次"较高的社会称呼，比如称非教师的专业技术人员或机关文职人员为"老师"，称医院的护士或一般工作人员为"大夫"。这都是为了体现一种"权势"关系，是中国传统文化中"尊重权威"的社会规范所决定的。而形成鲜明对比的是西方人交往时习惯直呼其名，下属对上司直呼其名，孩子对父母直呼其名，学生对老师直呼其名。这种交际行为将本来不平等的社会关系转化为"一致性"的平等关系，这是西方文化中"平等"观念的体现。

父母和孩子之间的关系也是典型的社会角色关系，中西方的社会行为规范也截然不同。在中国父母的眼里，孩子属于他们的"私有财产"，他们生育、养育了孩子，孩子就必须尊重、服从父母，因此两者的关系属于"权势"，是不平等的，父母有权决定或干涉孩子的学业选择、职业选择、婚姻选择。当代中国社会由于"独生子女"政策，大多数家庭只有一个孩子，于是期望值提升，"望子成龙"或"望女成凤"。父母出于对孩子的负责，普遍强化了对孩子的培养、教育，往往以自己的意愿强加于孩子，结果是"代沟"越来越深，隔阂越来越大，孩子的逆反心理也表现得更加强烈。

三、角色关系的变量

（一）交际的正式程度

所谓交际的正式程度，指社会群体对角色规范的重视程度。角色关系因文化而异，有些文化之间的差异甚至会很悬殊。也就是说有的国家或民族的人们在交往时出于角色的规范，交际行为较为正式，有的则较为随便。相对地讲，以中国为代表的一些东方国家比较重视交际的正式程度，这和以美国为代表的一些西方国家形成了较为鲜明的对比。

中国人历来重礼节、讲面子。中国传统社会由于受到差序格局的社会结构的影响，人们交往时，特别看重社会地位，看重形式，讲究礼仪，形成了上尊下卑的礼貌习惯，言语行为规范趋向程序化。而美国人随便、坦率、不拘小节，不拘泥于形式，这与他们角色关系中的"平等"取向直接相关。他们认为平等对待任何人，正是对人坦诚、尊重、友好的表现。

老师和学生的关系是一种典型的角色关系，师生之间的交往可以用来检验一个社会群体对待交际的正式程度。中国有一句谚语叫"一日为师，终身为父"，也就是说师生关系的重要性等同于父母与子女的关系。从古至今，中国都强调要"尊师"，几乎所有的学校都有相关的规定，作为纪律执行。既然学生要"尊师"，那么老师就要有"师道尊严"，言行举止要像一个老师，不能随便处事。这些都是角色规范，师生双方都要遵守，一旦老师不像老师了，学生也就不像学生了。在日本、韩国的文化中这一点也是同样的，在当代社会他们甚至比中国更加正式，学生对老师非常尊重。

与此相反，美国人在师生关系处理中通常比较随便，不拘泥于形式。美国教授即使在讲台前讲课时也表现得非常随便，衣着、姿态都很随和，甚至会坐到讲台上讲课。他们允许学生向自己挑战，敢于公开承认自己在哪一方面无知，并且从不以此为耻。在很多场合，美国学生对老师都直呼其名，他们平等相待，把形式、风度和礼仪当作浮夸、自傲的表现。

角色关系的正式与否在跨文化交际中是一个重要因素。中国和美国文化在角色关系方面差异如此之大，交际时产生文化碰撞是很自然的。角色关系在正式和非正式方面的差异易在日常交往中造成误解，导致心理距离，如一方过于随便，言辞坦率，会引起不同文化的人们在交往中的误解，甚至导致彼此不信任。改革开放以来，为了加强交流，我国开展双语教学，进行合作办学，很多高校都聘请一些"外教"给中国学生上课，上课过程中发生的矛盾、冲突大多是由于在师生角色关系处理上的规范差异引起的。

（二）个性化的表现程度

由于文化的差异，不同社会中人们在角色关系处理中的个性化表现可能很强，也可能很弱。角色关系中个性化程度的差异取决于当事人是处在"强交际环境"还是处在"弱交际环境"之中。相对而言，处在"强交际环境"的人们，由于对环境因素较为敏感，他们习惯于把个人和环境因素当作一个整体，对自己和对别人总是做整体式评估。他们不论与谁交往，总把对方看作是有理智、有感情、有血有肉的完整的人，其次才从对方的社会角色考虑，因此，他们与他人交往时"个性化"的表现程度较高。而处于"弱交际环境"的人们则不然，他们对环境因素不敏感，往往把个人和其所处的环境分开，把个人的角色行为和其所具有的感情分别对待，他们习惯以自己或有关人的社会角色以及对其的社会期望为依据，很少考虑情感因素，因此他们对客观事物或人的行为态度倾向于非个性化，或个性化程度较低。

比如与美国商人进行业务谈判时，中国人或日本人首先从感情出发，把对方当作朋友，其次才是谈判对手或商人；而美国人则首先考虑对方是谈判对手或商人，至于是否是朋友是次要的。出发点不同，谈判指导思想和具体方略也不同。中国人或日本人可能先进行情感沟通，叙叙友情，宴请宴请，游览游览，然后才谈业务。这是非常常见的现象，也是合乎常理的待客之道。而美国人则免去了这些情感沟通的程序，开门见山，直奔主题，实话实说，谈判业务。在他们看来这样才是合乎情理的，讲究效率的。因此，在这样一种跨文化交际中，难免产生文化的冲突。中国人或日本人感觉美国人太"生意化"，不懂人情；而美国人则认为中国人或日本人太"情感化"，不合逻辑。

角色关系"个性化"的程度的差异是个很敏感的因素，而且直接与民族性格有关，所以在西方文化中也能看到这种差异。比如北美人和希腊人之间的交往也常常产生冲突。希腊人认为北美人墨守成规、呆板冷漠、过于追求效率，甚至到了不讲友情的程度；而北美人则抱怨希腊人在做决定时太看重友情，过于注重"个性化"表现程度，指责他们分不清什么是工作行为，什么是情感行为。

(三) 偏离角色行为的允许程度

在任何文化中，人们处理角色关系，实际角色行为和理想的角色行为之间总是存在着差距。对偏离理想角色行为的允许程度因文化不同而有所差异，有些文化对人们的角色行为偏离的允许程度较高，而有些文化对其角色行为偏离的允许程度较低。通常认为，对具有较"宽松"的社会结构的社会来讲，人们交往中的社会角色行为与理想角色行为之间允许有较大程度的偏离；而具有较"严格"的社会结构的社会，人们交往中的社会角色行为与理想角色行为之间不允许有较大程度的偏离。正因为如此，"严格"的社会结构中人们的角色行为的可预测性，要大于较为"宽松"的社会结构中人们的角色行为。"严格"和"宽松"社会结构概念可能与"强交际环境"和"弱交际环境"概念相对应。因为"强交际环境"的文化中，相对多的信息寓于环境之中，而相对少的信息寓于语码之中，这样交际行为必须与环境期望保持一致，其可偏离理想角色行为的程度自然很低，对其可预测性则相对增大。反之，在"弱交际环境"之中，相对多的信息存在于语码之中，而环境因素对角色交际行为的制约相对较弱，因此人们的角色行为的偏离程度自然较高，对其可预测性也就相对降低。事实证明，较为"宽松"的社会结构往往属于"弱交际环境"范畴，而较为"严格"的社会结构往往属于"强交际环境"范畴，其角色交际行为也随之不同。

比如，中国以及一些东方国家的社会结构属于"严格"的结构范畴，角色行为的偏离很难被容忍，往往被当作越轨的行为，甚至会受到社会的谴责。因此在交往中人们的言语行为趋向高度程式化，可预测性也就大。而美国的社会结构则较为"宽松"，因此对美国人的社会行为的可预测性远远低于东方国家人的社会行为。这意味着像美国这样社会结构较为"宽松"的社会中，角色行为的偏离在很大程度上是可以容忍的。

第二节　人际关系与跨文化交际

一、人际关系及其制约因素

（一）人际关系

1. 人际关系的属性

跨文化交际所涉及的另一个重要社会环境因素是人际关系。顾名思义，人际关系就是人与人之间的关系。孔子说："人者，仁也。"说明"仁"是做人的本质属性。"仁"字由"二人"构成，这个字体现的就是人际关系，说明人在社会中的存在是以他人的存在为前提的，有人存在就有人际关系。人际关系是极为普遍的社会现象，是社会中每个个体成员生存和发展的基础，也是社会得以生存和发展的基础。人际关系是通过交际实现和完成的，但实现某种关系的交际方式会因文化不同而有所区别。因此，对研究与人际关系极为密切的跨文化交际来讲，它的重要性是不言而喻的。

人际关系本质上是人与人之间心理上的关系，是指人们通过交际活动所产生的心理接触，即心理距离。人际关系不同于角色关系。人际关系是心理学的概念，体现的是人际间心理距离的疏密程度；而角色关系是社会学的概念，体现的是人际间社会距离的"权势"和"一致性"关系。当然，两者的关系十分密切。

人们在社会交往中建立起各种不同的关系，有亲密关系、疏远关系甚至敌对关系，这些关系都是心理距离，统称为人际关系。人与人之间的关系越近，双方就会越心心相印、肝胆相照，如同一个家庭中的兄弟姊妹，亲如手足，情感交融，无话不谈。如果彼此交往关系不深，共同语言不多，那么心理距离就比较大，关系处理就会"不冷不热"，"逢人只说三分话，不可全抛一片心"。如果彼此有成见，相互有矛盾，发生过冲突，交往就自然疏远，甚至老死不相往来，"酒逢知己千杯少，话不投机半句多"说的就是这个道理。

2. 人际关系的类型

社会中的人际关系纷繁复杂，多种多样。总体上看，存在血缘关系、地缘关系、业缘关系和政治关系。血缘关系是人们不可选择的，是先天决定的，主要指亲属关系；地缘关系是由人们所处的地理位置或空间位置决定的，邻里和老乡就属于这种关系；业缘关系是指工作或职业环境中形成的关系，同事、同学、战友、朋友以及上下级就属于这种关系；政治关系是指政治上的领导与被领导的关系。因此有人说，只要你愿意，你可以通过你的关系网与世界上任何一个人发生联系，包括名人、明星、政要、权威、专家等。事实上这不是臆想，而是完全有可能发生的事实。

人际关系是人们赖以生存的最重要的因素之一，任何一个人都必须生存在这样一张社会人际关系网中，这就是所谓的"人脉"。"人脉"能使你有一种社会归属感，能满足你情感宣泄的需求，能创造一个你同别人"共享"的空间，能在你发生挫折、遇到困难时给你以有力的支撑。当一个人孤立无援时，会产生情感压抑，性格变异，乃至心理变态。在实际生活中我们也多少有过这样的经历：当你一个人独处时间久了，你会感到抑郁；当你在山林中独自迷路了，你会感到恐惧；海难发生你侥幸漂到一个荒凉的孤岛，你会觉得绝望；由于种种原因你在单位里陷入孤立，你会产生一种莫名的紧张。诸如此类的情景都充分说明人际关系对一个人生存、发展的重要性。就这一点来说，中西方文化都是一样的，只不过各自的表现方式不同而已。

（二）制约人际关系的因素

制约人际关系的因素主要有文化因素、社会因素、心理因素和地理因素。由于不同文化的人们在社会化的过程中习得了不同的价值观念、不同的认知方式、不同的行为规范等，因此不同文化间的人际关系的基本原则和处理方式会迥然有别。

1. 文化因素

文化主要包括价值观念以及一系列的角色规范。大陆型农业文化必然导致中国建立起以血缘纽带维系的宗法社会结构，这也就必然导致中国文化中的人际关系呈等级取向，呈差序格局，人际关系偏向"权势"类型，关系成为人们交往过程中最重要的交际原则。与此相反，欧洲一些国家属于海洋性商业文化，他们按照自己的要求塑造了完全不同的社会结构，以契约关系为基础的社会取代了以血缘为纽带的宗法家族社会，个人本位取向替代了群体取向，其结果是产生平等的人际关系，崇尚"一致性"。

2. 社会因素

社会因素指特定地区、特定时代的群体心理取向。它总是通过交际方式影响人际关系，不同的社会通过不同的交际方式来影响人际关系。比如就男女关系而言，在"男女有别"的传统中国社会，现实使得人们对男女过于亲昵持非常保守的态度，即所谓"男女授受不亲"。男女在公众场合，过分亲昵，互相搂抱，不为多数人认同；而同性之间，却可以亲亲热热，甚至可以搂搂抱抱。但在西方社会，异性之间的接触被认为是天经地义的，而同性之间的过分亲昵被认为是同性恋现象，多数人难以接受。

3. 心理因素

心理因素指交际个体的性格、态度、能力等因素。从性格的角度看，外向性格的人要比内向性格的人善于交际。从跨文化的角度看，相对而言西方人开朗、坦率、外向，东方人则内敛、含蓄、内向。

4. 地理因素

地理因素指一个国家、民族所处的自然环境。它是培育特定文化的"摇篮"，对人际关系的作用十分重要，在古代社会尤其显著。中国处在幅员辽阔、相对封闭、气候适宜的大陆环境中，这决定了中国农业文化的社会特征，必然产生了以血缘纽带维系的、主张群体取向的、注重人际关系的中国社会文化。而欧洲一些国家所处的海洋环境决定了西方文化的商业性质，也必然产生了以契约关系为基础的、崇尚个人主义、提倡平等关系的西方社会文化。可以说地理因素是造就不同文化的"根"。

二、人际关系的文化对比分析

（一）中国社会传统的差序格局及人际关系

任何社会的人际关系都是以其社会的传统结构为依托的，宗法社会结构是中国社会最典型的传统结构。几千年来中国社会历经动乱，社会结构多有变迁，但构成中国社会基石的始终是由血缘纽带维系着的、以家庭作为典型模式的宗法性结构。尽管当代中国宗法社会结构已经解体，但宗法制意识的影响却长期存在，渗透在人际关系的方方面面，难以改变。

在伦理支配下的人际关系中，有两个值得注意的特点：

1. 服从权威和长辈

中国社会是一个差序格局的社会，即本质上是一个等级社会，这样的社会以维护上尊下卑的秩序为根本。君臣、父子、兄弟、男女这些关系范畴蕴涵着尊卑之分，以下敬上、以卑敬尊，这样才能建立和谐社会，达到天下和合。因此在人际关系处理上，人们首先要服从权威和长辈，在交际中"权势"或"主从"关系起主导作用，一方对另一方的服从和保持一致是至关重要的。

从社会规范的习得来看，中国传统文化中服从长辈和权威的观念从小就被潜移默化地灌输给孩子。在中国，好孩子的标准就是"乖"，"乖"的依据就是听话，就是服从。他们从小被教育要像某某人（权威、名人、成功者）学习、看齐，而不是超越他。他们习得的为人的准则就是要谦虚谨慎，不可锋芒毕露。

　　2. 根深蒂固的关系取向

　　关系取向本质上是群体取向的延伸表现，是群体取向的必然结果。中国人从出生之日起就置身于一个盘根错节、纵横交错的网络之中，个人的社会关系直接影响他的社会地位、生活方式和可能取得的成就。关系越广，权威性和影响力就越大，在别人心目中的形象就越高大，就特别有"脸面"。在中国社会中人际关系至关重要，为了生存、发展，你必须努力编织、维护属于你的"关系网"，办事先看有哪些关系可以利用，处事先弄清周围的人际关系等等。虽然改革开放以来，人们的思想意识解放了，但几千年来形成的行为模式和思维定式仍然在产生影响。比如在市场经济的运作过程中，就有一个中国特色的新概念，叫作"关系经济"，指的是在企业经营、资本运作、市场开拓等领域中，"关系"这个资源所带来的机遇，所产生的效率。

　　当然，对中国社会的人际关系取向不能一概否定。尽管当前人们对"关系"现状的评价微词颇多，然而关系取向对维护社会融洽、人际关系和谐，是有积极作用的，也是广大中国人所追求的。

　　(二) 西方社会崇尚的平等格局及人际关系

　　西方社会的社会格局和人际关系的雏形可以追溯到古希腊时代。从历史、文化及人类社会发展的视角来考察，生活在被海洋包围的、相对狭窄的地理环境中，民族生存、发展的唯一选择就是向外扩张，跨海发展。他们从进行商业活动开始，继而进行武力征服，以获得更大的发展空间。在此过程中，新大陆的不断发现，更加速了跨海迁移进程。这样的生活形态和发展战略，使得西方人很早就摆脱了氏族社会的血缘纽带，他们以财产关系为基础的社会契约制的城邦组织取代了以血缘关系为基础的宗法社会组织，逐渐形成了与中国传统社会截然不同的社会格局。其实，即使是生活在大陆环境中，为了生存的需要，人们的迁移也是常有的事。他们可能整个血缘家族的男女老幼把家居杂物全装在牛车上一起出发，在大地上以蜗牛般的速度缓缓前进。慢是慢，但是以血缘关系为基础的宗法社会组织是不会被破坏的，改变的只是居住环境。而生活在海洋性地理环境中的那些民族的跨海迁移完全不一样。第一，老弱妇孺只能留在本土，因为他们不具备跨海迁移、征服新土的能力，于是每个家庭的青壮年冲出了家庭，向海外进军，以血缘关系为基础的宗法社会组织随之瓦解。第二，跨海迁移的风险和苦难催生了以契约为基础的"同舟共济"的合作关系。他们必须实施这样的关系，因为只有"同舟共济"才能克服种种艰难险阻，实现他们的理想。他们登陆以后，好不容易占领了一块地盘，又要对付陆地上的土著人，同样面临险恶的环境，于是他们一定还和在船上一样，把合作关系维系下来，以求得生存和发展。结果是不同体系的各族大混合，同时导致政治体制的根本改变，这种新的政治体制不是以血缘为基础的"尊卑长幼"的等级关系，而是以契约为基础的"共同协作"的平等关系。

1. 服从权威被民主政治所代替

每个公民均有权参与城邦立法，以选票表达个人意志，有权罢免各级执政者。这一点对人际关系的影响意义深远，它标志着"平等"关系大于"权势"或"主从"关系。

2. 等级身份制被平等意识所代替

人与人之间的平等必然导致人际交往中不再以"安分守己"为准则，而是可以充分展现自我，表现个性，我行我素。

三、人际关系取向及其类型

(一) 人际关系取向的文化类型

不同的国家和民族以自己的独特方式构建社会，文化的差异形成社会结构的差异，必然导致人际关系取向方面的差异。对人际关系取向分类也和对其他事物的分类一样，研究的角度不同，采用的标准不同，分类的结果也不同。有的学者把人际关系分成可选择型和不可选择型，如父母与子女的关系是不可选择的，而其他关系是可选择的；有的学者把人际关系分为长期型和短期型，如夫妻关系是长期的，而演员和观众的关系则是短期的；有的学者根据血缘、地缘和业缘对人际关系进行分类，如亲属关系是血缘的，邻里关系是地缘的，同事关系是业缘的。任何社会都会有以上提及的各种类型的人际关系，只是不同的社会可能在类型选择时侧重点不同。从跨文化交际的角度来看，中西方学者比较一致的看法是把人际关系取向分为工具型、情感型和混合型三种类型。我们以工具型、情感型和混合型关系为基础，对人际关系取向及其类型进行分析。

1. 情感型人际关系取向

这是在亲朋好友之间的关系基础上延伸、发展起来的关系。在交往中，人们相互依存、相互满足包括情感在内的各种需求。交往双方表现出信任、亲和、重情重义的态度以达到物质、精神及情感方面的共享。一般来说，亲朋好友或同一群体之间所存在的情感关系较为持久、牢固和稳定。但情感关系和其他关系往往会产生矛盾，因此可能会产生亲情困境或造成情感危机。

2. 工具型人际关系取向

这是人们在交往时为达到某一目的或获取某种利益所建立起来的一种关系。这种关系不同于情感关系，情感关系的建立本身就是目的，而工具型的关系只是人们为了达到某一目的而采取的一种手段而已。一般来说，工具型关系是一种非个人化、非情感化的关系，理智而直率，因而具有短暂、不牢固、不稳定的特征。

3. 混合型人际关系取向

这是一种既有情感性又有工具性的混合式人际关系模式。交往双方彼此认识而且具有一定程度的情感关系，但其情感又没有深厚到可以随意表现出真诚行为的程度。一般而言，这类关系可能包括亲戚、邻居、熟人，或相处较融洽的同事、同学、同行、客户，还可能是交往双方共同认识的第三者。这是一种最典型、最普遍、最有效的人际关系类型，这些彼此认识的一群人，构成一张张不同的人际关系网，构成了自身生存、发展的社会生态环境。从旁观者角度看，一个人可能同时涉入几个不同的群体中，置身于数张不同的关系网内；从当事者的角度看，每个人都以自己为中心编织了独特的关系网。这种人际关系的存在性及其持久度，取决于人与人之间的人情往来，因此维系这种关系的准则可以称之为"人情"准则。

(二) 人际关系取向的比较分析

1. 中国社会的人际关系取向

如果用以上三种人际关系取向类型来审视不同文化的选择，那么东西方的差异是显而易见的。相对而言，中国社会的人际关系偏向于"情感型"关系和

"混合型"关系。其中"情感型"关系是人际关系的底层，对中国人来说，这是满足情感的基本需求；"混合型"关系是人际关系的上层，对中国人来说，这是生存、发展的基本条件。中国社会非常注重人情和面子，人际交往讲究"做人情""送人情"，注重"礼尚往来""欠情还情"，提倡"滴水之恩，当涌泉相报"，必要时"为朋友两肋插刀"。

2. 西方社会的人际关系取向

以美国为代表的西方社会的人际关系以"工具型"为主要取向，在人际交往中他们很少顾及人情、面子，他们常常是公事公办，不讲情面。在交易时这种关系惯常以"公平交易"为准则，按法则办事，即使是亲朋好友也要"人"和"事"两清，即把人情和事情分得清清楚楚。在公务处理上，不受感情驾驭，而以客观法则为准，对事不对人，公私分明。最突出的，也是中国人最难理解的，是他们亲人之间也是"公事公办"，经济上更是"公平交易"，可以说"泾渭分明""一清二楚"。

第四章　跨文化语用对比分析

第一节　语言应用的文化差异

在两种不同文化环境中生活过的人，会感觉到不同文化的人说话方式有很大差别。这并不仅仅指他们所使用的语音、语法以及词汇等有所不同，更指他们在语码的使用方式上有很大的区别。

不同文化在语言使用方面的差异往往被忽视或者被低估，尤其在奥斯汀（Austin）、塞尔（Searle）、格赖斯（Grice）、布朗（Brown）及利奇（Leech）等学者提出了所谓普遍的言语行为理论、会话原则及礼貌原则之后，似乎人们都以固定的方式进行交际。这种以牺牲文化差异为代价，寻求普遍性原则的做法固然有合理之处，但对跨文化交际来讲，文化差异的研究显然更为重要。而且所谓的普遍原则，在多大程度上具有普遍性，是值得推敲的。

一、社会语言差异

（一）社会语言相对论

不同的说话方式是不同的社会规范的一种表现。所谓社会规范就是"行为准则"，就是"社会期望"。我们生活在一个社会强加于我们的规范制约之中，我们要么服从这些规范，要么藐视这些规范。但有一点是肯定的，当我们违反这些规范，违反这些社会对我们的期望时，我们会受到不同程度的惩罚。这些惩罚形式可能包括社会或群体的冷落、非议、责难乃至法律上的制裁等。如果我们都藐视或无视社会期望和社会规范，社会的存在是难以想象的。实际上，任何社会的成员都必须遵循各自的社会规范，而且这种遵循和服从往往是无意识的，具有"条件反射"的特征。因为言语是社会行为，它必须受制于社会规范，这是情理之中的事，如同人们的社会行为必须遵循社会规范，人们的言语行为必须遵循社会或群体所共享的言语规则或言语使用规则。

不同文化的人在交际时常常失误或达不到预期目的，往往是因为不同文化的人在交往时，对文化背景、价值取向、社会规范方面存在的差异缺乏认识，而这些差异却十分顽固地表现在社会语言规则或言语使用规则方面。社会语言规则或言语使用规则是指一个文化或群体所共有的对说话方式起制约或支配作用的规则。这些规则规定了说话人开口说话的时机、说话的内容、开始和结束说话的方式等等。当然，这些规则还包括交往规则，即谈话如何得以顺利进行（合作规则）、如何达到有礼貌（礼貌原则）等等。在跨文化交际时人们常常理所当然地以本国文化的准则和社会规范作为解释和评价别人行为的标准，这种现象被学者们称为"语用迁移"，这种迁移必然造成交际失败，并产生较大的心理或社会距离。语用失败是指语用迁移所造成的言语行为不当的现象，也就是违反社会语言规则所造成的现象，因此也被称为社会语用失败，语用失败的产生与社会语言差异直接相关。

我们承认了语言使用或社会语言规则因文化而异，就等于承认了"社会语言相对论"的存在。实际上，社会语言相对论的概念是文化相对论的引申。根据文化相对论的观点，文化差异是普遍存在的，而且某一特定文化的标准、态度、规范、信仰等只能在自己的文化中按其特定条件加以理解；也就是说，不能用不同文化的标准、态度、规范、信仰来描述某一种特定的文化。根据这一理论，普遍的文化信仰或文化价值观是不存在的。从文化相对论的角度解释社会语言相对论的定义，社会语言相对论就是指社会语言规则差异的存在是普遍的，而且某一特定的文化、社会或社团中的社会语言规则或言语使用规则只能在自己的文化中按其特定情况加以理解，也就是说，不能用不同文化的社会语言或言语使用规则来描述某种特定的文化中的言语行为。当然，我们并不绝对否定普遍性的社会语言规则或言语使用规则的存在，只是我们认为在跨文化交际研究中，应把社会语言规则的差异放在首位。

（二）言语是社会关系的标志

社会语言学家把言语当作社会行为，而且认为它集中反映交际双方的社会地位，集中反映出交际双方的"权势"或"平等"关系。"权势"的意思较为容易理解，指交际双方的社会地位有明显的距离，一方比另一方有权势，如上级对下级、长者对幼者、教师对学生、老板对雇员等。而"平等"较难理解，它涉及交往双方共享多少经验，共享多少社会特征，如宗教、性别、年龄、种族、职业、兴趣、出生地等，涉及他们在多大程度上共享亲密行为以及其他相关因素。不少学者认为"平等"关系是社会交往中最常见的关系，通常被称为一种非正式关系，在这种关系中，交际双方常使用非正式的言语和风格。

"权势"和"平等"关系是各种不同文化中的一种普遍现象，每一文化或社会都有其独特的方式来表示这两种不同的社会关系。有些社会可能侧重"权势"关系，有些社会则可能会侧重于"平等"关系，而有些社会可能兼而有之。由于受传统的差序格局的"上下有义、贵贱有分、男女有别"的传统观念影响，"上尊下卑""卑己尊人"今天在中国社会仍然在一定程度上制约着人们的行为，"以下敬上""以卑对尊"等交往现象仍然很普遍，只是表现形式不那么直露了。因此，在很大程度上言语行为成为了人际交往中"权势"关系的隐性标志。而在以"个体本位"和"平等"为主要取向的美国社会，言语可能主要用来作为"平等"关系的标志，人们在交际时首先要通过言语行为来建立一种"平等"关系，设法找到"平等"的理由，之后才在"平等"的关系中开展对话。当然，我们说中国社会中的言语在一定程度上是"权势"关系的标志，在美国社会中言语在很大程度上是"平等"关系的标志，但这并不意味着中国人不用言语来表示"平等"关系，也并不意味着美国人不用言语来标志"权势"关系，这种比较只是相对的。根据社会语言学家的研究，"权势"和"平等"关系较为充分地反映在人际交往行为的各个方面，其中比较突出地反映在下列言语行为方面：

1. 称呼语的处理

在中国，人们习惯使用称呼语来表示"权势"关系，主要表现在"头衔"和"敬辞"的使用方面。尽管世界上许多文化中的人们都使用尊称、谦称或敬语，但中国社会中这方面的运用尤其突出和独特。不论口语和书面语，礼貌称谓必不可少，而且称谓之中必须反映各自的社会身份。纷繁复杂的上下、亲疏关系表达得淋漓尽致，同时还反映出"权势"所造成的敬卑谦骄的不同态度。汉语中的称呼自成体系，"他称"和"对称"范畴表达形式最富于变化，而"自称"方式也种类繁多，别具一格。而在西方社会中，人们在称呼对方时常常是直呼其名，以此来表示说话人试图建立"平等"关系的愿望。

2. 代词的分化

代词的使用在交际中也很敏感。在法语中，除使用姓名、头衔来标志"权势"和"平等"关系外，人们还习惯用代词来表示这两种社会关系。vous 常被用来指"权势"高的谈话人，而 tu 则用来表示"平等"关系。同样，在中国社会中对"您"和"你"的使用，要看对方的身份、地位以及亲疏关系。

3. 动词的变化

动词的使用也能用来标志社会关系。在日语和朝鲜语中，"权势"和"平等"关系的标志是通过动词本身的变化体现出来的，如朝鲜语有六种以上的不同后缀来反映交际双方的社会关系。而爪哇语则通过词汇手段来标志社会关系，一共有六种风格层面来表示"权势"和"平等"关系，每一种关系都由特定的词汇手段表示，而且限于动词。

4. 非言语行为的表现

非言语行为用来标志社会关系是最敏感、最直观的，也是最有效的。在不同社会中，人们使用不同的非言语行为来表示"权势"和"平等"关系，包括交际中的姿势、手势、眼神、体距、容貌、姿态、礼节、语气、服饰及场景等。中国人特别重视使用非言语行为来表示"权势"或"平等"关系。孔子就很讲究不直接用言语而用姿态、容貌等方式与人进行交流，要"察言观色"，见什么人讲什么话，对不同的人选择不同的姿态、容貌，以让对方自动远离或接近。他提倡"礼恭"才能"辞顺"，礼节到了彼此之间自然互相尊重，心平气和，可以共同讨论真理；而不看对方，只管自己讲话痛快，就好比是盲人。在《论语》中不少篇幅生动地描绘出孔子在不同的社会场合如何遵循自己的社会身份、极有分寸地与他人交际的情景：对长者要恭顺，表现出不会说话的姿态；在朝廷上多听少说，话也不多；同下大夫交往则温文而快乐，侃侃而谈；在君子面前，谨慎小心；对外宾谨慎恭敬。孔子对任何非礼行为都极端厌恶，这些非礼行为很多是人际交往中的非言语行为。

(三) 语用迁移与交际障碍

1. 语用迁移及其后果

人们从儿童时代起就在社会化过程中有意无意地习得了社会规范，人们在成年之前就基本学会了在什么场合下说什么话，对谁该说什么、不该说什么等。人们还懂得了在特定场合下说什么，怎么说是礼貌的、诚恳的、友好的。人们从儿童时代起就对这些言语规则形成了条件反射，而且他们在与不同文化背景的人进行交往时会无意识地用本民族的文化准则、社会规范、语用规则来判断和解释别人的言语行为，即使已熟练地掌握了一门外语，说一口流利的外语，也容易出现对方（以该语言为母语者）难以准确、恰当地理解你（不同文化背景的人）的说话意图的情况，结果可能会造成理解失误，使对方失望或感到震惊，甚至会觉得受到了污辱，致使交际处于尴尬境地。

由于人们在跨文化交际时缺乏对社会语言差异的敏感性，又无意识地发生了语用迁移，因此交际失败是不可避免的。人们是无意识地习得本族语的社会语言规则的，对其遵循也往往是无意识的，因此在跨文化交际中，违反社会语言规则也常常是无意识的，但是这种无意识的错误很可能造成比违反语法规则严重得多的后果。因为，一个语法错误、一个语音错误、一个词语错误不会触怒对方，别人会认为这些错误是语言习得过程中难以避免的现象。然而，语言使用规则一旦出错，问题就不这么简单了。不合时宜的提问、迟迟出口的道歉、不适时的恭维或祝贺、对问候语的不恰当反应，都可能会被当成没有修养的表现，被当成对他人人格的有意冒犯。比如，问及别人的工资会被当作侵犯隐私；问及别人的住房价钱会引起别人的气恼；一个日本人在美国人面前总是点头哈腰，会被视为虚伪的表现；一个阿拉伯学生希望导师能对其学业成绩多多关照，会导致导师对其有消极的评价。这种种交际失误、对交际规范的违反都很可能会被认为是行为品质的问题，或被当成不诚实、不友好的行为。

2. 交际障碍及其表现

因语用迁移造成交际失败的例子不胜枚举。在中国文化中，人们常用"你吃饭了吗""你上哪儿去"等言语行为来作为问候语，这些问候语对说英语的人来讲，不但不构成"问候"之力，还会起反作用。美国人被人问到"Where are you going"时他会很气恼，因为这对他的隐私构成威胁，他会觉得自己似乎要去一个他不应该去的地方。而"Have you eaten"在某一特定场合可能会让美国人觉得说话人在邀请他去吃饭，也可能会使对方感到莫名其妙。中国人讲究"客气"，在受别人邀请吃饭时，他们习惯说声"不"，因为在中国文化中，这会自然被理解为"Please offer me again"的意思，但对美国人来讲这是明显的拒绝邀请的表示。美国人邀请别人时，对被请人会特别尊重，从不强加于人，因此他们会十分礼貌，给对方留有余地，他们会说"Come when you want to"，但中国人以同样的形式受到邀请时会觉得美国人的邀请极不诚恳；而中国人客气地回答说"Thank you. I'll try to come"也会使美国人感到茫然，因为他们不能确定你是否能来。中国人有好客的习惯，在饭桌上请别人吃东西时会左让右让，直"逼"

得对方吃下去才肯罢休，这种"强迫"式客气法会使美国人感到不可理解；而美国人在待客时的随意态度，简单食品，又使中国人觉得难以接受，产生误解。这些失误之所以产生，是因为不同文化的人们在交际时遵循了不同的规则。

不同文化、不同社团中的人们在相同场合的同一施为行为可能完成不同的功能，而同一功能的施为行为可能由不同的言语行为来完成。譬如，在美国文化中"恭维"言语行为可用来完成诸如"评价""欣赏""开始谈话"等多种功能，同时它又是人际间建立"平等"关系的手段，如何解释这一行为的功能要视具体交际情景而定。而"恭维"言语行为在中国文化中的使用则明显不同，它可能体现在"反应方略""社会分布"、所涉及的"话题"以及协同过程等诸多方面。又如中国人和日本人不习惯公开对抗，因此在拒绝别人要求时他们不直接否定，而是转弯抹角地说"让我们再考虑一下""再研究研究"，这种回答在中国文化和日本文化中是一种托词，但对"直言快语"的美国人来讲，这意味着他们的要求很可能会被满足，不然还考虑、研究什么呢？

即使交际情景相同，不同文化也可能使用不同的言语行为。比如对别人的帮助如何反应就是一例。在美国文化中，人们对占用别人的时间和对别人的帮助习惯说声"谢谢"，但在日本文化中人们常使用表示道歉的言语行为，他们会说："很对不起，给您添了不少麻烦。"又如在表示"拒绝"功能的言语行为方面，不同文化之间也存在着明显的差异。日本人在拒绝时，地位较高者惯用省略道歉或表示遗憾的公式，而社会地位较低的人在拒绝别人时则喜欢采用多种不同表示"道歉"的语义结构；可是在美国，社会地位并非很重要的因素，拒绝者所采用的语义公式基本一致，差异仅表现在对"陌生人"和"知己朋友"表示拒绝时协同程度高低不一样，这是因为"知己朋友"的角色关系比"陌生人"的角色关系固定。

此外，在跨文化交际中，谈话内容、话题的选择也是经常产生交际失误的因素，因为一种文化中人们习惯交际的话题可能是另一文化中人们交际时设法回避的话题；一种文化中人们常常涉及的内容可能构成另一文化中对隐私的侵犯。如在中国文化中人们可以相互谈论或询问关于收入、工资、信仰、宗教、婚姻等话题，这是社会关心的一种表示；但类似的话题在说英语的社会中却构成对个人隐私的威胁。

二、合作原则及其文化差异

(一) 关于合作原则

语用学领域关于会话结构方面的研究成果很多，其中涉及制约会话的规则，包括会话如何得以开展，如何开始谈话，如何引起别人兴趣，如何澄清问题或弥补，如何遵循毗邻对偶及依次发言规则等。这些研究成果在一定程度上具有普遍性，但是这些规则是否适用于各种不同文化的会话行为，是值得进一步探讨和考察的。仔细考察就会发现，这些规则在一定程度上是以西方的文化事实或与这些文化相类似的社会现实为背景的，而不同的言语社团可能具有其独特的会话交往规则，即制约人们的会话规则可能因文化而异。这就是为什么不同文化背景的人们在相互交往时常常无意识地产生失误的原因，人们无意识地习得了本民族的交往规则，并在与不同文化的人们交往时无意识地使用这些规则来解释对方的行为。

在目前的会话规则研究领域，格赖斯提出的会话合作原则影响最大。他把言语行为理论的研究扩展到单句层次以外的会话活动方面，使言语活动与社会情景相连接，所以他的研究成果具有一定的指导意义。格赖斯认为会话受规范或条件制约，人们在会话时之所以不是以一串互不连贯的语句组成，是因为交谈双方都遵循了某些规则，相互配合，即遵循了合作原则。

人们在会话时之所以不是以一串互不连贯的语句组成，是因为交谈双方都遵循了某些规则、相互配合的结果，这无疑是正确的。然而，会话准则在多大程度上适用于所有的语言社团是值得商榷的，也就是说，这些准则在多大程度上适用于其他文化是值得进一步研究和探索的。尤其对跨文化交际研究来说，差异的探索似乎更为重要，因为不同的社会在文化取向、价值体系以及生活方式和社会语言规则方面存在着差异，这一点已成为人们的共识。关于"会话含意"理论也值得考虑，因为说话人识别"会话含意"的能力是以具有共性的会话合作原则为基础的。

（二）合作原则的文化差异

人们进行言语交际无疑是需要某种程度的合作的，你有交际的意图还不够，你至少还需要别人愿意（或者是不情愿也不得不）听你说。但是格赖斯合作原则中的那些准则却很难说是放之四海而皆准的。在不同的社会文化中，哪些是人们所承认的基本准则，情况很可能大不相同。不难看出，合作原则的各条准则是建立在西方文化基础上的，是以西方言语交际通行的模式为标准的，正因为如此，按照通行的合作原则，我们会觉得阿拉伯人话太多，而亚洲许多地方的人和北美印第安人又话太少。其实，在不同文化群体中，准则很可能是不一样的，人们对于什么是准则，怎么样算违反准则，往往会有不同的认识。同样一句话，并非在所有的社会文化中都会产生会话含意，或者都会产生相同的会话含意。比较典型的如东方社会的一些国家（如中国和日本），由于受"差序格局"的社会结构的影响，一定程度上，谈话者的"权威"本身就是信息。在社会交往中，社会地位越高，提供的信息量可能就越少，即社会地位和言语信息量可能成反比。东方社会中人际关系较为固定，地位较低者对地位较高者有依赖性、顺从性，这样，他们遵循"量""质""关联"以及"方式"准则方面肯定与西方人有很大差异。相对而言，在很多场合，他们似乎更容易注重"方式"，常常为此牺牲"质""量"和"关联"准则，而他们所注重的"方式"与格赖斯的准则也完全不一样。

1. 关于"量的准则"

"量的准则"要求所说的话达到现时交际目的所要求的详尽程度，不要使说的话比所要求的更详尽，即所提供的信息量要恰如其分。在东方，尤其在中国和日本，由于受传统文化影响，言语行为对环境有高度依赖性。很多信息在环境之中或在"不言之中"，"意会"是人们信息解码的重要手段，这种取向和西方人在很大程度上靠"言传"的取向形成很大反差，在这种情况下以西方合作原则中的"量的准则"来要求东方人的会话交往行为显然是不妥的。

2. 关于"质的准则"

"质的准则"要求不说自己认为是不真实的话，不说自己没有足够证据的话，即提供真实信息，这一点似乎也不适合于很多社会语境。中国人在说"No"的时候可能意味着"Yes"，他们"礼多人不怪"，"亦此亦彼"，"无可无不可"。同样，阿拉伯人在说"是"时，意思可能是"也许"，当他们说"也许"时，意思可能是"不",他们很少用"不"字来回答对方,因为在他们的文化中这是不礼貌的行为。在印度一些地方,当行路人向人打听某处有多远时,得到的回答很可能是"不远,走一会儿就到了",而实际上往往要走上好几个小时,甚至一整天才能到达。质量准则在这儿好像不起作用,当地人都知道,他们之所以这么说只是因为不想让行路人因为路还很远而丧气、失望。同样的情况也存在于美国的近邻墨西哥。墨西哥人倾向于让人高兴,为此他们甚至不惜说些与事实相反的话。如有人问路,墨西哥人即使自己根本不知道路径,也常常会以一副很有把握的样子告诉别人该怎么走。事实上,几乎在所有文化中都能找到违反所谓"质的准则"的情况,人们所说内容常常会与客观事实有程度不同的出入。

3. 关于"关联准则"

"关联准则"要求说话要相关、切题,即不要不着边际。在东方国家,如中国、日本等,人们交际时不直奔主题是常见的。他们先说些无关紧要的话题,为的是和谐气氛,创造语境,为谈正题做"铺垫",所以经常有"闲话少说,言归正传"的提示。在交谈过程中,插进一些无关的话题,也是为了调节语境,缓和气氛,以利于进一步谈正题。这些习惯与文化有紧密联系。如果一个人老是说话直奔主题,直截了当,别人会认为太功利、太急躁,显得不成熟。尤其在"权势"关系中,地位低的一方往往先提一些对方喜欢的话题作为开头,慢慢地找个合适的机会才会进入正题;地位高的一方则可以随意扯开话题,控制话轮,显得漫不经心,而这正是显示权威的方式。这些与格赖斯的"关联准则"相去甚远,或者说遵循的是另外一类"关联准则"。

4. 关于"方式准则"

"方式准则"要求说话避免晦涩的词语,避免歧义,要简洁而有条理,即表达清楚、明白。中国的主流文化传统是强调"和","和为贵"就是在这一文化语境中被优选的价值原则,其使得一切有利于维持和谐的言语行为得到鼓励和倡导。为了不伤和气,人们倾向于在许多场合采用较为间接、迂回、委婉的表达。所谓"只能意会,不能言传",或根本不必言传,一切尽在不言之中,甚至交谈双方之外的其他人都不明白他们在说什么。这是很常见的言语行为,也是中国人交际中的"潜规则"。我们很难说这样的说话方式一定是违反了合作原则中的"方式准则",并必然会产生特殊的会话含意。在我们的文化语境中,如果说有什么关于说话方式的准则的话,那一定与格赖斯提出的方式准则有所不同。

总之,格赖斯的合作原则将语境因素都排除在外,原则中所包括的各项准则无不渗透着西方文化的价值取向。这一有关人类合作行为的普遍原则其实基本上是西方的,甚至只是英美的。对于非英语文化中的语用状况,迄今为止语言学界还几乎没有进行过系统的、深入的研究。实际生活中,汉语语用不遵守合作原则的交谈是大量存在的,许多言语交谈的例子可以证明:合作不必是原则。

三、礼貌原则及其文化差异

(一) 关于礼貌原则

1. 礼貌原则

概括地说,"礼貌原则"就是在交谈中说话人要减少表达不礼貌的信息,或者说尽量表达礼貌的信息。礼貌信息能使听话人或第三者感到愉悦,而不礼貌的信息则会使听话人或第三者感到不快。礼貌一般会影响交际双方的关系,但说话人有时也会向在场或不在场的第三者表示礼貌。礼貌在本质上是非对称的,也就是说，对于听话人或某个第三者是礼貌的，对说话人则可能是不礼貌的。利奇认为，交际的双方总是尽量多给别人一些方便或使对方受益，尽量多让自己吃一些亏或受损，以求获得对方对自己的好感。但是，这样就形成了交际双方的一种非对称关系，即对听话人来说是受益的语言对说话人来说是受损的，即听话人越受益，说话人就相应地越受损。说话人总是通过牺牲对自己的礼貌来换取对听话人的礼貌，就是努力使用恰当的语言来增加自己的受损程度，以求提高听话者的受益程度。在讨论礼貌的这种非对称性时，利奇借用了经济学里的"成本——效益分析"这个概念来讨论言语行为对于说话人与听话人的损益问题。在他看来，礼貌就是要尽量使他人受益，尽量使自己受损，由此形成了使别人受益和使自己吃亏的程度的比例关系。越是有益于听话人的行为，其语句的礼貌程度越高；相反，越是有损于听话人的行为，其语句的礼貌程度越低。因此，如果语句的命题内容保持不变，使用更为间接的语言表达通常可以提高礼貌程度。

2. "礼貌原则"的局限性

在利奇看来，礼貌原则的各准则尽管在不同文化中所占地位可能有所不同，但除了量的差异，从本质上讲它们是普遍适用的。然而事实情况似乎并非如此，利奇提出来的礼貌原则也是建立在西方文化的基础上的。

以"赞誉准则"为例，它要求语言交际者尽量减少对他人的贬损和尽量增加对他人的赞誉。可是，据调查，在日本文化中，赞扬他人（尤其是直接赞扬他人）的做法往往会被认为是傲慢、冒昧的行为。再看"谦虚准则"，它要求说话者尽量缩小对自身的赞誉和尽量增大对自身的贬低。但是，在美国黑人文化中，这条准则似乎不大起作用，自我赞扬在人们的交际中经常发生。还有"一致准则"要求尽量缩小自己与他人的分歧和尽量增大自己与他人之间的一致，也是有文化局限性的。在犹太文化中，人们常常用说"不"而不是说"是"、用与人争论而不是用表达赞同来拉近交际双方的距离，增进相互了解。在奥地利，交谈中的争论是家常便饭，并不被视为不礼貌行为；相反，回避争论却有可能被看作是不愿与人深交的表现。

徐盛桓曾批评礼貌准则中"尽量多""尽量少"的提法过于绝对，不具有利奇本人所期望的普遍适用性。比如说，赞誉和同情一般说来都是人们喜欢得到的，但凡事都必须有一个度，过多的赞誉或同情有时会适得其反，令人生厌。而且何为多、何为少，不同文化也许有着完全不同的标准。此外，利奇把"得体准则"置于礼貌原则中，将其与其他准则放在同等的地位，实际上是降低了得体作为语言使用基本要求的重要性。而且从语言交际的根本目的来看，说话的得体不仅仅是出于礼貌，更重要的是要取得最佳的交际效果，因此得体所覆盖的范围恐怕要比礼貌大得多。有时候，得体的话语不一定都是礼貌的，有的甚至会带有攻击、挑衅、讽刺的意味。

利奇认为，有些言语行为（如命令）具有内在的不礼貌性，有些言语行为（如提供帮助）具有内在的礼貌性。这种看法似乎也有些简单和片面。言语行为不是孤立地发生，总是和特定的语境相配合，言语到底礼貌不礼貌，不仅要看言语本身，更要看言语发生时的具体情境。决定礼貌与否和礼貌程度高低的因素实际上很多。因此，从根本上说，礼貌是相对的，其相对性是语境的多样性所决定的。

对此，利奇在提出"礼貌原则"时似乎并非毫无意识。他的语用学研究中没有涉及与言语交际有关的不同语言和文化的类型，但他承认不同文化间在这方面是有差异的：有的东方文化国家（如中国和日本）比西方国家更强调"谦虚准则"；英语国家则更强调"得体准则"。他认为，作为人类交际的总的语用规则，礼貌原则基本上是具有普遍性的，但其重要性在不同的文化、社会和语言环境中各不相同。利奇自己也承认："在交际行为的跨语言比较方面我没有做什么，但这是一个非常诱人的领域，许多研究还有待去做。"

（二）礼貌原则的文化差异

总的说来，西方学者（尤其是语言学家）对礼貌的研究主要集中在语言使用上，因为西方文化属于"低语境文化"，礼貌主要是通过言语行为表现出来的；而东方文化属于"强语境文化"，礼貌准则往往取决于语境因素的制约。这说明东方文化与西方文化的礼貌有着不同的指向。中国文化的礼貌指向理想的社会同一性，所以面子是指个体在所处社会群体中取得的良好公众形象，这依赖于社会中他人的判断，具有明显的社会取向；而西方文化的礼貌则是指向理想的个人自主性，面子集中于个体，主要是一种自我形象，个体主义倾向比较突出。由此可见，在不同文化中，礼貌的内涵有本质的差异。

1. 中国文化的"礼"

世界上任何社会或群体，人们的行为（包括言语行为）都由"礼貌"来制约，在以"礼仪之邦"著称的中国社会，"礼"的形成和发展，以及它对人们行为方式的制约有其独特的意义，这是世界上任何其他国家和社会都无法比拟的。

2. 西方社会的礼貌观

西方国家与中国正相反，人与人之间的关系基于平等关系，对西方社会来说，礼貌强调的不是人与人之间的"别"，而是人与人之间的"同"，"上尊下卑"的礼貌原则肯定是不受欢迎的。人们追求自我实现、个人奋斗，人们高度重视个人权利、个人隐私，人们强调各行其是、各展其才、各履其志，"孺子牛"或"螺丝钉"精神成为自我发展的绊脚石，中国式的"谦虚"或"卑己尊人"也受到人们的冷眼。从这个意义上讲，西方的礼貌观与中国文化中的"礼"有着本质上的差别。

由于亚文化的差异，礼貌原则在西方大文化圈内部也表现出很大的不同。

此外，除了社会文化大背景的不同，具体语境因素也起着重要作用。什么样的话语算是有礼貌的或不礼貌的，要受制于具体的语境因素。在一定语境中被认为是礼貌的话语，到了另一语境中就可能变成是不礼貌的。甚至在同一场合，说话者认为是礼貌的话语，也有可能被听话者当成是不礼貌的。我们都知道，在某些情况下，过分的礼貌往往会适得其反。影响这一切的因素很多（如社会距离或者相对权势），这些因素可能在许多时候对决定言语是否礼貌起着重要的作用。

第二节　言语行为的文化差异

一、言语行为理论

（一）奥斯汀的言语行为"三分法"

1. "言有所述"与"言有所为"

言语行为理论的创始人是英国哲学家奥斯汀（Austin），他突破了哲学界对语言陈述的可验证性研究传统，立足语言事实，区分了两大类话语：言有所述和言有所为。言有所述的话语是可以验证的，或是真实的，或是虚假的；言有所为的话语都是不能验证的，它们无所谓真实或虚假，因为它们是被用来实施某一种行为的，在特定的语境中，特定的人说这些话实际上在实施某种行为。换言之，说话人在说这些话的时候不是在陈述或描述，而是在完成某一行为，如结婚、命名、遗赠、打赌。

2. 言语行为的"三分法"

奥斯汀进一步依据"言有所为"建立了言语行为的"三分法"模式，即一个人在说话的时候，在大多数情况下同时实施了三种类型的行为：

（1）言内行为。言内行为指的是"说话"这一行为本身，它大体与传统意义上的"意指"相同，即发出音节，说出单词、短语和句子等。这一行为的功能是以言指事，但在实施这个行为过程中，我们通常实施了一个言外行为，有时还同时实施了言后行为。

（2）言外行为。言外行为是通过"说话"这一动作所实施的行为，人们通过说话可以做许多事情，达到各种目的，如传递信息、发出命令、威胁恫吓、问候致意、解雇下属、宣布开会、实施承诺、提出请求等。这些都是通过言语来完成的行为，寄寓于言内行为之中。

（3）言后行为。言后行为是指说话带来的后果，例如，通过言语活动，我们使听话人受到了警告、接受了规劝，不去做某件事或者去做了我们想让他去做的事等。

言内行为和言外行为的区别在于前者是通过说话表达字面意义，后者是通过字面意义表达说话人的意图。说话人的意图一旦被听话人领会，便可能带来变化或产生后果，这就是言后行为。当然说话人的意图未必一定被听话人领会，或者听话人虽然领会了说话人的意图，但却不一定按照说话人的意图去行事，所以言后行为不一定发生，这就会导致交际障碍或交际失败。在这三种言语行为中，语用研究最感兴趣的是言外行为，因为它同说话人的意图一致。说话人如何使用语言表达自己的意图，听话人又如何正确理解说话人的意图，这是研究语言交际的中心问题。

（二）塞尔的言外行为"五分法"

如果说奥斯汀把言语行为理论看作是对话语意义的研究，那么他的学生塞尔则把这一理论提高为一种解释人类言语交际的理论。塞尔认为使用语言就像人类许多其他的社会活动一样，是一种受规则制约的有意图的行为。我们讲话，就是在按照使用语言的规则施行各种各样的言语行为。他还认为言语交际的最小单位并不是人们通常认为的是词语或句子这些语言单位，而是言语行为。言语交际过程实际上就是由一个接一个的言语行为构成的，每一个言语行为都体现了说话人的意图。为此，他着力研究说话人如何根据一定的规则来施行自己想要实施的言语行为。

1. 言语行为的实施

塞尔在研究中注意到了一句话的命题内容与其言外行为之间的关系，同时考察了实际的言语交际案例。在此基础上，他提出了实施言语行为必须满足的条件，以及必须遵守的规则。以"许诺"这个言语行为为例（其他言语行为的条件和规则也可以以此为模式去推导）：

（1）命题规则。命题出现在一个句子或比句子更大的语段之中，这一命题是说话人将要施行的一个行为。

（2）准备规则。a. 听话人愿意说话人施行这一行为，而不是不愿意他去施行这一行为，而且说话人相信听话人愿意他去施行这一行为。b. 说话人和听话人双方都清楚，说话人通常不施行这一行为。

（3）诚意规则。说话人真心实意地想施行这一行为。

（4）根本规则。说话人所说的话使他自己承担了施行某一行为的义务。

2. 言语行为的"五分法"

对于言外行为的分类，塞尔首先考察了不同言语行为相互区别的 12 个侧面，并确认了其中"言外之的"（某一类言外行为所具有的共同目的）、"适从向"（言外之的带来的后果）、"表达心理状态"（说话人实施言外行为时的心态）三个最重要的因素。塞尔以这三个因素为主要依据，把言外行为分成五个大类：

（1）阐述类。阐述类的"言外之的"是使说话人对表达的命题的真实性做出保证，也就是说他必须相信自己所说的话的真实性；这一类言外行为的"适从向"是从话语到客观现实；所表达的心理状态是相信。

（2）指令类。指令类的"言外之的"是说话人试图让听话人去做某一件事；它的"适从向"是客观现实适从话语；所表达的心理状态是希望或者愿望。

（3）承诺类。承诺类的"言外之的"是使听话人对某一未来的行为做出许诺；"适从向"是从客观现实到话语；所表达的心理状态是意欲。

（4）表达类。表达类的"言外之的"是对命题中所表明的某种事态表达说话人的某种心理状态。这一类言外行为没有"适从向"，因为它们不存在"适从向"这个问题，说话人既不想通过说话来引起客观世界的改变，也无须使自己的话语符合客观现实。命题的真实性是实施这一类言外行为的前提。例如，当我们因为踩了别人的脚而道歉时，我们说话的目的既不是要陈述踩了别人的脚这个事实，也不是做出许诺去踩他的脚，踩了别人的脚这一动作的真实性已经被确认，我们只是要对客观事实表示自己的态度或心理状态而已。

（5）宣告类。宣告类的"言外之的"是使客观现实与所表达的命题内容一致。因而这一类型的"适从向"明显是使客观现实符合所说的话语，但与指令类和承诺类不同，宣告类的言外行为使客观现实按照所说的话语发生的变化是即刻的、瞬间的。

宣告类是一类比较特殊的言外行为，要成功地实施一个宣告类的言语行为，往往涉及一些文化习俗或一套构成规则。

值得注意的是，在宣告类中，塞尔还分出了一个小类，他称之为阐述性的宣告。这一小类与阐述类有一个共同点，即它牵涉到说话人对真实性的判断，也就是说它和阐述类具有同样的根本条件，但同时它又具有宣告类的绝对的语势。在某些场合，不仅需要对客观事实做出判断，而且需要一个具有权威的人对客观事实做出相关的裁决，球场上的裁判、法庭上的法官便是这样的人物。裁判认为球出界，他便可以把它判为"界外球"；法官认为某人有罪，他便可以把这个人定为"有罪"。裁判和法官都相信自己对客观的判断是正确的，他们在宣布自己裁决的这一瞬间引起了客观世界的变化。

塞尔对言外行为的分类具有一定的科学性，但这样的分类是相当概括的。人们使用语言所实施的言语行为，有人估计有一千种以上，要把这许许多多种言语行为归纳成若干个大类，很难保证个个都能"对号入座"，有时难免会出现牵强附会的情况。但应该说，塞尔的分类基本上是成功的，自从这一分类问世，虽然各家反应褒贬不一，但它仍然是比较有影响的、比较广泛地为人们所接受和应用的一种分类。虽然在奥斯汀之后，对言外行为进行过分类的并非塞尔一人，但其他的分类大体上是以塞尔的分类为基础做一些修改和补充，并未有突破性的创新。

（三）言语行为的跨文化研究

从某种意义上讲，我们就生活在言语的世界之中，因为我们几乎每时每刻都在"制造"言语行为，我们可以实施的言语行为也是多种多样的，很难想象没有言语行为我们的世界会是一个什么样子。

奥斯汀和塞尔的言语行为理论对语言研究的发展做出了杰出的贡献，遗憾的是言语行为理论在一定程度上仍然是以语句为中心的。正因为它是以语句所能完成的功能或行为为基础对言语行为进行分类的，所以其对语境因素的考虑十分有限，它把言语交往所赖以生存的社会文化以及现实情景等因素基本上排斥在外，而且也未能把交往本身所具有的复杂的"协调"这一重要过程考虑在内。这是较为严重的缺陷，因为语句的功能与广泛的文化因素以及情景因素是密切相关的。事实上，实施或完成某项言语行为是一个与交际对方相互协调的过程，至于如何协调，不同文化会有不同的规定，而且还要视具体环境或情景而变化。

人们在实际交往中实施的行为，在很多方面都会存在差异。差异的存在是极为普遍的，无论属于同一文化的人们，还是属于不同文化的人们，情况都如此。言语行为会因文化、地区、职业、性别乃至个人而异，这为交际带来了相当大的困难。由此可见，指出这些差异对于我们认识交际活动和改善交际状况是非常重要的。不少学者指出，不同文化群体的人们在言语行为实施过程中是有差异的，这些差异主要表现在五个方面：一是人们所能够实施或通常所实施的言语行为的范围不同；二是人们在如何恰当得体地实施言语行为和掌握言语行为的实施方式的多样性的程度方面存在着差异；三是如何实施某些言语行为的规则因文化而异；四是对新的信息接受的开放程度，以及言语行为实施的方式的变化或灵活性因文化而异；五是交际者对对方实施的言语行为所表露出来的积极或消极态度的敏感程度也因文化而异。

不同文化在言语行为方式上的差异，跟各自文化对语言和语言使用的不同看法与态度有关系。在那些较为程序化的言语行为中，如招呼、分别、请求、拒绝、恭维、道歉、感谢等，文化差异就更突出了。

二、语言表达的间接性

（一）语言表达间接性的理论解释

1. 语言表达的间接性

只要对人们日常使用的语言稍加观察，便可以发现语言表达具有间接性，也就是说人们常常不是坦白直率地去说自己想说的话，而是通过某种方式间接地去表达自己的意图。这种语言使用中的"拐弯抹角"的现象就是语言表达的间接性。

此现象可以从不同的角度去解释，比较常见的解释是把间接语言看作语言的形式和语言的功能之间的不一致所带来的结果。在已知的任何一种语言中，都存在三种基本功能的句类：陈述句、祈使句和疑问句，这是人类语言的普遍现象，这一共同性无疑是由人类语言的基本功能决定的，因为这三种基本句子形式分别和语言的三种基本功能对应：陈述事实，提出请求和提出问题。但句子的形式和功能之间并不存在绝对的一对一的关系，即一种句式并不总是用以行使某一种功能；反之，某一种功能也并非只能通过一种句式才能得以实施。在一定的场合下，陈述句式也可以用来提出问题或提出请求，请求别人做某事也绝不限于使用祈使句式这一种形式，用疑问句来请求别人为你办一件事的情况可以说是司空见惯的；在一定的场合，用陈述句式来提出问题或提出请求也不少见。当这三种基本句式与它们的典型功能的关系出现不一致时，语言的使用便是间接的。

语言表达的间接性是一种普遍现象，各种语言中都有这样的表达习惯。

语言表达的间接性也可以从语言的字面意义和语言的话语意义之间的关系去解释，当这两种意义不一致时，语言的使用便是间接的。人们说话并不总是说什么就意味什么，话语的字面意义和说话的真正意图并不总是一致的，人们常常通过言外之意、弦外之音含蓄、婉转地表达自己的意思。这方面最明显的例子莫过于讽刺、比喻、夸张等修辞手法了。在语言的这些用法中，字面意义和话语意义常常大相径庭，有时甚至截然相反。

2. 间接言语行为的理论解释

对于如何判断一句话的间接言外行为，言语行为理论专家有两种不同的看法：

一种是习语论。习语论者认为间接地用于行使某些功能的话语可以被看作是用于行使这些功能的习惯用法或语言形式，这些话语只能被视为整体，而不能对它们的构成成分进行分析。

另一种是推理论。这是一种与习语论相对立的解释。推理论者认为不应把间接使用的话语看作是习语，而应该假设听话人经过一系列的推理步骤才从句子的字面意义推导出说话人的真正意图。塞尔是个推理论者，他认为"在实施间接言语行为时，说话人依赖交际双方所共有的包括语言和非语言的背景知识，以及听话人的逻辑推理能力向听话人传达言外之意"。不同的人对推理论做出了不同的解释，但他们的理论具有某些共同点：

第一，间接地使用的话语具有独立的字面意义，这种意义是交际参与者都能理解的。塞尔从言语行为理论出发，认为交际双方都必须具有言语行为理论知识，这样他们才可能辨认一句话语的文字意义，即字面上实施了什么行为，也就是他说的次要言语行为。

第二，用于施行间接言语行为的话语必然具有促使听话人去推理的因素，也就是说这句话语的字面意义使听话人感到它在特定的语境中是不合适的，因而需要经过推理来对它进行必要的修补，以获得合适的意义。塞尔认为可以通过格赖斯的会话合作原则来确定话语的不合适性，从而确定推理的必要性。

第三，从字面意义和语境推导出有关的间接意义必须有一定的原则和推理规则可循。塞尔认为可以借助推导出会话含意的原则来达到这一目的。

(二) 间接言语行为的制约因素

1. 间接言语行为的制约因素

在任何社会的自然言语交际中，间接言语行为都是很普遍的现象。正如奥斯汀和格赖斯所说，除了"显性行使句"外，任何言语行为在某种程度上都是间接的。影响人们使用间接言语行为的因素很多，但任何社会支配间接言语行为的主要因素都是基本相同的，它们大致可归纳如下：

(1) 权力关系。你对听话者拥有多大的权力？会话双方的权力差别越大，说话就可能越间接，比如你对上司说话比对你儿子说话更间接。

(2) 社会距离。你对听话者的熟悉程度如何？你与听话者的关系如何？你和听话者越熟悉，说话的方式就可能越直接；你与听话者关系越密切，说话的方式就可能越直接。

（3）要求大小。你要求别人做的是小事还是大事？如你是问别人借辆自行车用一小时，还是借辆汽车用一个周末？你向别人提的要求越高，问话的方式可能就越间接。这里的要求并非一定与物质相关，也可能指信息。如在英国问时间可以用非常直接的方式，但要问别人的收入则常用非常间接的方式。

（4）权利与义务。会话双方的相对权利与义务如何？如果你要求别人做的事是你的权利或者是别人的义务，那要比你求别人帮忙用的说话方式直接。例如你叫出租车送你去车站所用的说话方式要比叫邻居送你去车站直接。

2. 制约因素在言语交际中的可协调性

以上所列的影响语用选择的因素并非一成不变，不同文化间的差别会更大。这些因素在言语交际的过程中是可以协调的，也就是说随着会话的进行，这些因素是会发生变化的。

三、言语行为的文化差异分析

为了满足交际的需要，人们在交际中使用各种各样的言语行为，比如问候、告别、致谢、答谢、道歉、恭维、请求、同意、批准、拒绝、建议、劝告、警告、邀请、介绍、承诺、批评、祝贺、说服、命令、指示、推荐、威胁、禁止等，究竟有多少种类，还需要进一步界定。不同社会，乃至同一社会的不同群体或言语社团语用规范均存在着差异，各社会或群体在实施诸多言语行为方面都有独特的规则可循。即使是相似的交际情景、相同的社会功能，所实施的言语行为的语句也可能截然不同，所采用的策略也可能相去甚远。下面我们仅对一些最具程式化的言语行为进行分析。

（一）问候

问候语是交际双方见面时打招呼使用的程式化语言。各种文化都有自身的一套问候语系统，主要功能是通过相互问候来联络感情，维系人际关系。

跨文化交际中往往由于问候方式、问话内容而出现一些交际失误。中国人在问候别人时常用"（你）吃了吗?、（你）去哪里、（你）干什么去?"，这些只是打招呼的形式，听的人也是用一种程式化的应答语表示回应，不需要当作问题来认真对待。从语用的角度讲，这些句子的功能就是"问候"，体现说话人对听话人的关心。然而当你用英语对译"吃了吗""去哪里""干什么去"，并用这些对译的英语去问候英语国家的人时，它们的语用功能就不再是"问候"了，而是你真的想从对方那里获取信息，或者可以被推导出一些他们习惯了的"会话含意"。如英语国家的人问"吃了吗（Have you eaten yet?）"，可用来表示建议或邀请对方一起吃饭的意思，如果他们听到这样的话后没看到进一步的行为，那么他们就会觉得很古怪，有时甚至会不高兴。若问"你去哪儿（Where are you going?）"或"干什么去（What are you going to do?）"，就会有打探别人隐私之嫌，好像对方要去一个不该去的地方，或者干不该干的事。如果我们不注意各个民族之间问候习惯的不同，就会出现一些类似的误解，导致交际障碍。

（二）告别

告别语是交际双方道别时使用的程式化语言。各种文化有自身的一套道别语系统，主要功能是通过相互致意来表示礼貌，维系人际关系。

从英汉常用的告别语来看，各自文化都有不同的习俗和侧重点。如果把汉语告别语直译成英语并用于跨文化交际当中，比如"Go slowly""Walk slowly"

"Stay here"等，英语国家的人会觉得很不自然或十分别扭。汉语的告别语显然比英语的告别语更为复杂，这主要是社会文化的差异所致。

(三) 致谢

当别人为自己提供帮助，或别人对自己表达善意时，当事人向对方致以感谢的话叫作致谢语。不同民族语言中的致谢语在运用上是不太相同的。英语国家的人可以说是不离"Thank you"，几乎任何场合、任何人际关系都可以使用。汉语交际中，表达谢意的词语也不少，常用的有"谢谢""多谢""非常感谢"等。但是汉语的"谢谢"不像英语那样处处使用，有时还须谨慎使用。有几种场合中国人常常不用致谢语：

交际双方的关系亲密一般不用互相致谢。比如父母与儿女、丈夫与妻子、兄弟与姊妹、亲密朋友之间等。因为在这些关系之间使用"谢谢"显得"见外"，致谢语在语用功能上一般表示双方的关系疏远。比如妻子为丈夫做一点举手之劳的事，如果中国丈夫说"谢谢"，妻子会觉得别扭，或者会觉得是在开玩笑；而在英语国家说声"Thank you"却非常自然，不会产生什么特别的语用效果。

当受到别人夸奖或赞扬时一般不表示感谢。听话人这样处理的原因是担心给别人一种不谦虚的印象。比如你夸一个女孩的裙子好看，这个女孩往往会回答："不，不，只是一条普通的裙子。"如果用这种方式回答英语国家的人，虽然这个女孩表现了自己的谦逊，但会让对方感觉很窘迫，因为他觉得这个女孩在怀疑自己的鉴赏力。现在中国人知道英语国家的人回答别人对自己的表扬时常常说"Thank you"，也时常会仿效，但往往不太合乎语用规范。当别人赞扬自己时只是说一句"Thank you"，其实也不符合英语国家人的习惯，尤其是与美国人交往，这也不是很礼貌的，还应该要加一些谦虚的话。

职责、义务范围之内的事情一般不需要致谢。就是说，说话人对听话人职责义务范围之内的事表示感谢会让人觉得有些不自然。例如在商店里买东西，售货员感谢顾客的光临是正常的，可接受的；可是在一般情况下，顾客很少感谢售货员为自己提供的服务，因为顾客觉得那是他们应该做的，属于他们分内的事情。但在英语国家说"Thank you"却很常见，也很自然。

（四）答谢

答谢语是回应别人的致谢（包括称赞、恭维等）的程式化语言。各种文化都有自己的一套答谢语系统，主要功能是通过答谢来表示礼貌，维系人际关系。

在汉语的答谢语中，当说话人受到别人称赞时，往往表达"谦虚"的语用意义，这是符合礼貌原则中的谦虚准则的。但是，正因为汉语中的这个"谦虚"往往与英语国家人恪守的合作原则中的"质"的准则产生冲突，导致了跨文化交际中答谢行为上的语用失误，使说话人原有的语力消失，造成误解。

（五）道歉

道歉语是说话人对对方表示歉意的话语。不同的文化对"道歉"这种言语行为的社会规范是不同的，具体表现为：

实施道歉的时机不同。有时文化背景不同，会造成双方对某些语境采取的道歉策略不同。比如在中国文化中，打喷嚏和咳嗽被认为是再正常不过的事，因此很少有人为此道歉，而英美人则常常为此说"Excuse me"。

对道歉的理解不同。不同文化对道歉言语行为的使用存在着差异，往往会给跨文化交际带来不可避免的障碍，甚至产生误会或纠纷。

形式化的道歉用语。英美等国家的人与陌生人搭话、请人帮忙或中途离席时，经常张口就说"Sorry""Excuse me"，其实这些道歉语言早已变得很程式化，他们在说这些话时，很可能心中并未有多少歉疚之意。

（六）恭维

恭维是人们日常交际中经常需要使用的一种礼貌性的言语行为，恭维及其应答构成了人们言语交际能力的一个方面。这一言语行为并不像看上去那么简单，它涉及社会文化的许多方面。目前对恭维的研究主要集中在英语中的恭维语及其应答的语言形式、分布与频率、功能及性别差异等方面，对其他语言的研究还比较少。恭维是说话人对听话人所具有的某种双方认可的优势或长处进行积极评价的言语行为。其目的大都是为了表示欣赏对方，取悦被恭维者，因为它可以使被恭维者获得一种良好的自我感觉。然而不同文化群体的人对恭维功能的认识可能不同，而且同一句恭维用于不同的语境中，其表达的意义和发挥的作用也有可能不同。因此要确定一句恭维语的功能，必须依据文化语境和现实交际中双方的关系来具体分析。对比英语和汉语中恭维这种言语行为的使用规范，我们能够看出不同文化的语用差异。

比如英语中恭维语的一个主要功能在于协调交往中双方关系的"一致性"（即平等关系），即恭维者把它作为一种融洽社会关系、增进彼此感情的手段。人们交往时之所以需要一个协调过程，是因为人们的社会地位或角色关系不固定。尤其是在既非陌生人也非朋友之间的交往中，关系常常要通过协调达到一致。而在中国文化环境中，恭维语的一个主要功能往往是通过恭维对方达到某种功利性目的。据调查显示，在中国恭维语似乎不是一个有力的协调"一致性"

的行为，只有占5%的人认为恭维语是用于完成此目的；而"利用他人"是恭维语的一个主要的功能，占第三位。这是中国文化中的恭维语不同于美国文化中的恭维语的一个重要方面。

恭维是对他人具有的某种优势的积极评价，因此所涉及的可以是各种不同的特点。已有研究表明，绝大多数的恭维都围绕外貌、行为、能力、成就、财物等几个方面。其中外貌和成就是美国文化环境中恭维最常涉及的话题，特别是恭维他人的外貌，是非常普遍的现象。尤其是对于女性，换了衣服、做了发型等，只要有了点变化，似乎都必须受到及时恭维。不管是什么样的年龄、社会地位、职业背景，女性的外貌永远是被恭维的对象。因此在西方文化中，男性称赞女性的容貌、身段、穿戴、打扮等是很平常的。但是这在中国传统文化中基本上是个禁忌。现在情况虽有了一些改变，类似对女性外貌方面的恭维逐渐多了起来，但依然要受具体情景中各种因素的限制。恭维不一定是人们所期望的社会行为，往往只能以略带开玩笑的形式实施，实际上恭维之力已被减弱。因此，如果学了汉语的美国男性用"你是个挺性感的姑娘"这种话来恭维他见到的中国女孩，中国女孩一般不会轻易接受。围绕能力或成就进行的恭维行为，在美国社会中通常是地位较高的人恭维社会地位较低的人，目的是维持上下级之间的融洽关系。相比之下，在中国文化环境中，情况很可能和美国正好相反，常常是下级对上级的能力和成就进行恭维，其目的主要是取得上级的好感。这种现象的存在与中国文化的"群体"和"关系"的价值取向是分不开的。此外，汉语中的恭维语还有两个值得注意的特点：

第一，在表达方式上有一个在美国文化中极为罕见的现象，那就是在夸奖别人的同时，往往会有意无意地贬低一下自己。其实这和中国传统社会的基本结构与人际交往中角色关系的不对称有关。因此恭维语在美国文化中所起的协调"一致性"关系的功能在中国社会显得不是很突出，这可能也是中国文化中恭维语远没有在美国文化中使用那么频繁的原因之一。

第二，在中国文化中，大量的恭维语是隐性的，需要结合语境领会。在美国文化中，恭维语往往是高度程式化的语言，其突出特点就是句式较为固定，因而极易被识别出来。而中国文化中存在大量的隐性恭维语，说话人的赞美并不显见于言辞本身，被恭维的人只有结合具体语境与相关背景知识才能领会其称赞之意。

第五章 跨文化交际与翻译教学

近年来，翻译教学中融入了跨文化意识的问题。翻译教学作为将双语的转换为主要内容的学科对文化传播负有直接的责任。跨文化意识培养也对翻译教学有着重要意义。本章首先介绍文化差异对翻译教学的影响，然后阐述文化翻译的原则与策略，接着讨论英汉翻译的基本技巧，最后说明文化差异对英汉翻译教学的启示。

第一节 文化差异对翻译教学的影响

翻译不仅是一种语言间的转换活动，更是一种文化之间的信息交流活动。从某种程度上来看，译者对英汉文化差异的正确解读对翻译的成败起着至关重要的作用。概括来说，文化差异对翻译的影响主要体现为以下两个方面。

一、文化误译

文化误译是由文化误读引起的，是指人在本土文化的影响下，习惯性地按自己熟悉的文化来理解其他文化。文化误译是中国学生在英汉翻译中经常出现的问题。

在英汉翻译教学中，教师应引导学生不断地扩充英语文化背景知识，要求学生在英汉翻译时根据具体语境，并结合文化背景，准确地理解原文的含义，然后选择恰当的翻译技巧进行翻译，切忌望文生义。

二、翻译空缺

翻译空缺就是指任何语言间或语言内的交际都不可能是完全准确、对等的，更何况，英汉语言分属不同的语系，翻译的空缺现象在英汉语言交际中表现得尤为明显，这给翻译的进行带来了障碍。在英汉翻译教学中，教师应该提醒学生注意这一现象，英汉翻译中常见的空缺有词汇空缺和语义空缺两大类。

（一）英汉词汇空缺

尽管不同语言之间存在一定的共性，但同时也存在各自的特性。这些特性渗透到词汇上，就会造成不同语言之间概念表达的不对应。这和译者所处的地理位置、自然环境，所习惯的生活方式、社会生活等相关。

有些词汇空缺是因生活环境的不同而产生的。例如，中国是农业大国，大米是中国南方主要的粮食，所以汉语对不同生长阶段的大米有不同的称呼，如长在田里的叫"水稻"，脱粒的叫"大米"，而煮熟的叫"米饭"。相反，在英美国家，不论是"水稻""大米"还是"米饭"都叫"rice"。

语言是不断变化发展的，随着历史前进、科技进步，新词汇层出不穷。因此，教师在英汉翻译教学中要特别注重词汇空缺现象的渗透，要求学生认真揣摩由词汇空缺带来的文化冲突，指引其采用灵活的翻译方法化解矛盾，翻译出优秀的作品。

（二）英汉语义空缺

英汉语义空缺是指不同语言中表达同一概念的词语虽然看起来字面含义相同，但实际上却存在不同的文化内涵。以英汉语言中的色彩词为例，它们在大多数情况下都具有相同的意义，但在某些场合，表达相同颜色的英汉色彩词却被赋予了不同含义。

因此，教师在日常的翻译教学中要不断引起学生对语义空缺现象的注意，遇到空缺时尽量寻求深层语义的对应，而不是词语表面的对应。

需要说明的是，语义空缺还表现为语义涵盖面的不重合，即在不同语言中，表达同一概念的词语可能因为语言发出者、语言场合等的不同而产生不同的含义。例如，英语中 flower 除了作名词表示"花朵"以外，还可以作动词表示"开花""用花装饰""旺盛"等含义，而这种用法是汉语中的"花"所没有的。相应地，汉语中的"花"作动词时常表示"花钱""花费"等含义，这也是英语中的 flower 所没有的。可见，英语中的 flower 和汉语中的"花"表达的基本语义虽然相同，但在具体使用中，二者差别极大。因此，教师应引导学生注意词语在语言交际中产生的实际语义，从而在翻译时实现语义空缺的弥合。

第二节　文化翻译的原则与策略

一、文化翻译的原则

很多人都误认为翻译是一种纯粹的实践活动，根本不需要遵循任何原则，并提出了"译学无成规"的说法。还有不少人认为，"翻译是一门科学，有其理论原则。"然而，金缇和奈达在两人合编的《论翻译》（On Translation）中指出，"实际上每一个人的翻译实践都有一些原则指导，区别于自觉和不自觉，在于那些原则是否符合客观规律。"

可见，翻译原则是指翻译实践的科学依据，是一种客观存在。历史上大量的翻译实践也证明，合理地使用翻译原则指导翻译实践活动将会起到事半功倍的效果。

同样，基于文化差异下的翻译活动也必须遵循一定的原则。

奈达在《语言·文化·翻译》中提出，翻译中的文化因素应该受到更多的重视，他进一步发展了"功能对等"理论。当奈达把文化看作一个符合系统的时候，文化在翻译中获得了与语言相当的地位。翻译不仅是语言的，更是文化的。因为翻译是随着文化之间的交流而产生和发展的，其任务就是把一种民族的文化传播到另一种民族文化中去。因此，翻译是两种文化之间交流的桥梁。据此，有专家从跨文化的角度把翻译原则归结为"文化再现"，分别指如下两个方面。

（1）再现源语文化的特色。

（2）再现源语文化的信息。

二、文化翻译的策略

在跨文化翻译过程中，干扰翻译的因素有很多，这就需要译者灵活地处理，运用恰当的翻译策略。

（一）归化策略

归化策略是指以译语文化为归宿的翻译策略。归化策略始终恪守本民族文化的语言习惯传统，回归本民族语地道的表达方式，要求译者向目的语读者靠拢，采取目的语读者所习惯的表达方式来传达原文的内容，即使用一种极其自然、流畅的本民族语表达方式来展现译语的风格、特点。归化策略的优点在于可以使译文读起来比较地道和生动。

另外，对于一些蕴含着丰富的文化特色，承载着厚重的民族文化信息和悠久文化传统的成语与典故，也可采用归化翻译策略。

当然，归化翻译策略也存在一定的缺陷，即它滤掉了原文的语言形式，只留下了原文的意思。这样译语读者就很有可能漏掉一些有价值的东西。如果每次遇到文化因素的翻译，译者都只在译语中寻找熟悉的表达方式，那么译文读者将不会了解源语文化中那些新鲜的、不同于自己文化的东西。长此以往，不同文化间会很难相互了解和沟通。

（二）异化策略

异化是相对于"归化"而言的，是指在翻译时迁就外来文化的语言特点，吸纳外来语言的表达方式，要求译者向作者靠拢，采取相应于作者所使用的源语表达方式来传达原文的内容。简单地说，异化即保存原文的"原汁原味"。异化策略的优势是，它为译语文化注入了新鲜的血液，丰富了译语的表达，也利于增长译文读者的见识，促进各国文化之间的交流。

（三）归化与异化相结合策略

作为跨文化翻译的两个重要策略，归化与异化同直译与意译一样，属于"二元对立"的关系，二者均有自己适用的范围和存在的理由，然而没有任何一个文本能够只用归化策略或者异化策略就能翻译，因此只强调任意一种都是不完善的，只有将归化和异化并用，才能更好地为翻译服务。归化与异化结合策略，有利于中国文化的繁荣与传播。随着中国经济与政治上的强大和全球一体化的深入，世界文化交流日益加强，中西文化的强弱被渐渐地淡化。翻译家们越来越尊重源语的文化传统，并倾向于采用"异化"翻译，尽可能地保留源语文化意象。

（四）文化调停策略

文化调停策略是指省去部分或全部文化因素不译，直接译出原文的深层含义。文化调停策略的优势是，译文通俗易懂，可读性强。当然，文化调停策略也存在一定的缺陷，即不能保留文化意象，不利于文化的沟通和交流。

第三节　外语翻译的基本技巧

英汉翻译技巧是英汉翻译研究的一个重要内容，但目前还没有哪个技巧是完全行之有效的。本节仅介绍目前较为常见的英汉翻译技巧，以期对英汉翻译者的翻译活动提供些许参照。具体采用哪种技巧，还需要根据具体情况而定。这里主要从词汇、句子和语篇三个层面介绍一些英汉翻译的技巧。

一、词汇的翻译技巧

（一）词类转换法

所谓词类转换法，是指翻译时在保持原文内容不变的前提下，改变原文中某些词的词类，以使译文通顺自然，合乎译入语的表达习惯。常见的词类转换方式有：转译成动词、转译成名词、转译成形容词。

1. 转译成动词

（1）名词转译成动词。

（2）形容词转译成动词。

（3）副词转译成动词。

（4）介词转译成动词。

2. 转译成名词

可以将原文中的词类转译成译文中的名词的情况主要有下面几种。

（1）英语中含有很多由名词派生出来的动词，及名词转用动词，当其在汉语中很难到对应的动词时，就可以将其转译成汉语名词。

（2）一些英语被动句中的动词，可以译为"受（遭）到……+名词""予（加）……+名词"结构。

（3）英语中一些形容词在特定的上下文中，一般可译为名词，一些形容词加定冠词可以表示某个种类，也可译为汉语中的名词。

3. 转译成形容词

英语中由形容词派生的名词可以转译成形容词。

（二）增词法与减词法

1. 增词法

所谓增词法，是指在原文基础上增加必要的词、词组、分句或完整的句子，以使译文在语义、语法、语言形式上符合译文习惯，在文化背景、词语连贯上与原文一致，使文字表述更加清楚。通常来说，增词可用于下面几种情况。

（1）因语法需要而增词。

（2）为意义表达清晰而增词。

2. 减词法

所谓减词法，是指将原文中需要而译文中不需要的词去掉。减词法一般用于以下几种情况。

（1）因语法需要而减词。

（2）因修辞需要而减词。

（三）音译法

将原文的发音直接转换成译入语相同或相近的语音，这种方法叫作"音译法"。音译法多用于下列词语的翻译。

（1）翻译专有名词。

（2）翻译外来商品。

（3）翻译新词。

二、句子的翻译技巧

（一）分句法与合句法

1. 分句法

有时英语句中的个别词汇令我们头痛，如果将其翻译出来，发现无处安放；如果不将其译出来，却无法忠实于原文。此时，我们就可以将其译成一个分句或一个单词。

（1）将原文中的单词译成一个句子，使原文中的一个句子变成两个或两个以上的句子。

（2）将原文中的一个短语译成句子，使原文的一个句子译为两个或两个以上的句子。

2. 合句法

合句法就是将原文中两个或两个以上的简单句或一个复合句在译文中用一个单句来表达。合句一般有下列三种情况。

（1）将原文中两个或两个以上的简单句译成一个单句。

（2）将原文中的主从复合句译成一个单句。

（3）将原文中的并列复合句译成一个单句。

（二）从句的翻译

1. 名词性从句的翻译

名词性从句一般包括主语从句、宾语从句、表语从句以及同位语从句，其中前三种从句均可以按照原句顺序翻译出来，而同位语从句的翻译一般要先翻译主句，再翻译从句。

2. 定语从句的翻译

在英语中，定语从句的位置及发展方向与汉语中具有类似功能的修饰语的位置及发展方向是不同的：英语定语从句作修饰语一般置于修饰语的后面，发展方向为向右；而汉语中这类修饰语一般位于被修饰词的前面，发展方向为向左。当英语定语从句翻译成汉语时，通常可以采用以下几种处理方式。

（1）限制性定语从句的翻译

①前置法。前置法是指将英语限制性定语从句翻译成带有"的"字的定语词组，并置于被修辞词之前，进而将复合句翻译成汉语的单句。

③溶合法。所谓溶合法，即将原句中的主句和定语从句溶合在一起翻译成一个独立的句子。

（2）非限制性定语从句的翻译

①前置法。

②后置法。

3. 状语从句的翻译

（1）时间状语从句的翻译

英语中的时间状语从句翻译成汉语时，可译为下面六种形式。

①译为表时间的状语从句。

②译为"刚……就……""一……就……"结构。

③译为"每当……""每逢……"结构。

④译为"在……之前"，"在……之后"结构。

⑤译为条件复句。

⑥译为并列句。

（2）原因状语从句的翻译

英语中的原因状语从句翻译成汉语时，一般可以译为下面两种形式。

①译为因果偏正句的主句。

②译为表原因的分句。

（3）条件状语从句的翻译

英语的条件状语从句译为汉语时，一般可以译为如下三种形式。

①译为表条件的状语分句。

②译为表假设的状语分句。

③译为表补充说明的状语分句。

（4）让步状语从句的翻译

英语中的让步状语从句在翻译成汉语时，可以译为下面两种形式。

①译为表让步的状语分句。

②译为表无条件的状语分句。

（三）长难句的翻译

英语属于形合语言，所以经常使用长且复杂的句子，这些句子中的各成分环环相扣，借助词汇、语法、逻辑等手段联系在一起，虽然使句子表达更加准确、严密，但也为读者的阅读理解带来了难度。在翻译这类句子时，译者应该根据不同情况，采用不同的处理方式。

1. 顺译法

所谓顺译法，是指当原文中长句的表达顺序与目的语的表达顺序一致时，可不改变原文语序和语法结构，译成目的语。但是，顺译不等于将每个词都按照原句的顺序翻译，因为英汉语言有时也会存在不对应的情况。

2. 逆译法

当表示相同意思的英汉句子在表述顺序上存在较大差异，这时译者可以从后向前译，逆着原文的顺序进行翻译。

3. 综合法

在翻译英语长句时，有时一种翻译方法无法解决所有的问题，此时译者就可以应该采用综合法，具体问题具体分析，根据每部分的特点选择对应的译法，一方面使译文更加忠实于原文，另一方面也便于目的语读者理解。

三、语篇的翻译技巧

（一）段内衔接

由于英汉语言之间的差异性，所以译者不能对原文段落中的句子进行"死译"，这样会造成文章的逻辑线索或脉络混乱、不清晰，译文有如断线残珠，四下散落。

每一个连贯的语篇都有其内在的逻辑结构。因此，译者在翻译时也需要对语篇脉络进行分析，将语篇中的概念进行连接整合，进而使译文能够逻辑清晰，顺序明确。

在具体的语篇翻译过程中，译者可以选择不同的技巧处理其内部的衔接和整合。

1. 替代与重复译法

通常来说，英语段落一般是依靠词语的替代来进行句子与句子之间的呼应，即使用代词、同义词、近义词以及代替句型等来替换前文出现过的词语；而在汉语句子中，句与句之间的呼应往往由重复的词语来完成。因此，在英译汉时，译者应对原文中替代的部分采用重复的手法来翻译，即通过重复实现译文的段内衔接。

2. 连接性词语或词组的译法

在对篇章结构梳理的过程中，译者通常会发现很多连接性词语或词组。对具有连接作用的词语和词组分析可以更好地理顺文章脉络，所以对这些词语和词组的译法进行掌握非常有必要。

3. 省略部分的译法

省略现象在英汉语言中都很常见。通常情况下，英语按语法形式进行省略，如省略名词、动词、表语、主谓一致时的主语或谓语等。而汉语则往往按上下文的意义进行省略，包括省略主语、谓语、动词、关联词、中心语和领属词等。

相对于英语而言，汉语的省略现象非常普遍，且其省略标准也很复杂，不易掌握。汉语中的一些省略现象实际上并不能算是省略，如果将其"省略"的部分补上，语句反而会显得别扭，但是在汉译英时一般要将这些省略部分补上。由于英语属于重形合的语言，而汉语属于重意合的语言，所以从英汉对比的角度来看，英译汉时，许多英语原文中省略的部分，在相应汉语译文中就不能省略。

(二) 段际连贯

语言片段以语篇意向为主线所形成的语义上、逻辑上的连贯性称作"段际连贯"。同段内衔接一样，段际连贯也可以通过替代、重复、连接词的使用、省略等手段来实现，也可以通过一定的时空，逻辑关系的贯通来实现。因此，译者在翻译的过程中，必须把每个词、每句话都放在语篇语境中去考虑，正确推断上下文的逻辑关系，领会作者的意图，适当遣词，从而保证译文的意思清晰、明了。

(三) 语域一致

语域即语言因使用的场合、交际关系、目的等的不同而产生的语言变体，其主要涉及口头语与书面语、正式用语与非正式用语、礼貌用语与非礼貌用语等方面。

语域是篇章翻译中不可或缺的一个内容，一篇好的译文既要将原文的意义准确、完整地译出来，又要恰当地再现原文的语域特点。例如，给不同的人写信，语气就不相同，所以写信人与收信人的亲疏关系可以从信的字里行间中透露出来。因此，译者在翻译过程中应该了解与把握这种语域区别，以便准确地再现原文的意图。

第四节　文化差异对外语翻译教学的启示

一、翻译教学的现状

(一) 英语翻译教材内容受限

当前，学生使用的多数翻译教材存在一个共性问题，即说明性和科技型较强的文章比重较大，多为"骨架"式，忽视了语言形式的文化意义。翻译教材中涉及的英语文化，尤其是有关英语国家价值观、思维方式、民族心理等方面的材料很少。这就使学生在学习翻译过程中对非语言学形式的西方文化因素了解甚少。

（二）翻译教师的文化意识淡薄

教师因素是文化翻译教学能否落实到实处的重要因素。当前英语翻译教学仍停留在翻译词汇、语法层面上，几乎不涉及文化。造成这一结果的原因有很多：首先是翻译教师自身接受的翻译教育就是传统的"骨架知识"教学，所以其观念也就难以得到矫正。在英语翻译课堂教学中，多数教师仅注重学生对某些词汇、语法点的翻译，却很少教授如何更好地完成跨文化交际活动，对英汉文化知识的渗透十分有限，内容也很随意，缺乏一定的系统性和条理性。一些翻译教师认为学生能准确翻译出词汇和语法等基本语言点就够了，不需要引入一些文化知识；一些教师认为学生学习英语翻译，仅掌握其正确翻译的方法即可，忽视了语言中文化因素的所起的作用；更有一些教师认为传授文化知识会加重学生翻译学习的负担，拒绝将课堂上宝贵的时间花在文化教学上，放弃了对文化知识的传授。另外，教师也属于非母语学习者，缺乏英语学习的大环境，所以其掌握的跨文化知识也非常零散；并且教师的教学任务繁重，没有太多时间和精力用在文化差异研究上。

（三）学生缺乏跨文化交际意识

我国学生进行英语学习的主要目的是为了通过考试，因此考试是学生英语学习的指挥棒。在这种意识的指导下，学生对文化学习的意识非常淡薄，认为跨文化学习是一种浪费学习精力的行为，并不能提高英语考试的成绩。

学生的跨文化意识淡薄，导致其虽然在应试教育中取得了一定的成绩，但是英语实用能力与交际能力却相对较弱。中国学生存在的"哑巴英语"现象便是普通语言知识教学的产物。

二、翻译教学的内容与目标

（一）翻译教学的内容

翻译教学的内容主要包括：翻译基本理论、英汉语言对比、常用的翻译技巧。

（1）翻译基本理论。翻译的理论知识主要涉及对翻译活动本身的认识、了解翻译的过程、标准、翻译对译者的要求、工具书的使用等。

（2）英汉语言对比。对英汉语言的对比既包括语言层面的内容，又涉及文化层面和思维层面的对比。在语言层面上，主要是对英汉语言的语义、词法、句法、文体篇章进行比较，发现它们的异同。对英汉文化、思维的比较，有利于更加准确、完整、恰当地传达原文的信息。

（3）常用的翻译技巧。翻译中的常见技巧有语序的调整、正译与反译、增补语省略、主动与被动、句子语用功能再现等。

（二）翻译教学的目标

《大学英语课程教学要求》提出的翻译教学目标如下。

一般要求：

（1）学生可以借助词典对题材熟悉的文章进行英汉互译。

（2）学生的英汉译速可以达到每小时 300 个英文单词，汉英译速可以达到每小时 250 个汉字。

（3）学生的译文基本准确，没有重大的理解和语言表达错误。

较高要求：

（1）学生可以摘译所学专业的英语文献资料。

（2）学生可以借助词典翻译英语国家的大众性报刊上题材较为熟悉的文章。

（3）学生的英汉译速达到每小时 350 个英语单词，汉英译速达到每小时 300 个汉字。

（4）学生的译文通顺达意，理解和语言表达错误较少。

（5）学生可以使用适当的翻译技巧。

更高要求：

（1）学生可以借助词典翻译所学专业的文献资料与英语国家报刊上带有一定难度的文章。

（2）学生可以翻译介绍中国国情或文化的文章。

（3）学生的英汉译速可以达到每小时 400 个英文单词，汉英译速可以达到每小时 350 个汉字。

（4）学生的译文内容准确，基本没有错误、漏译，文字通顺达意，语言表达错误较少。

三、文化差异对翻译教学的启示

（一）提升学生英语文化知识水平

从当前的英语教学翻译教学现状来看，很多学生仅注重对专业课的学习，全面照搬课本上的知识，对英美国家的文化知识了解甚少。因而，在翻译过程中一旦遇到文化问题，学生就会手足无措，出现误译的情况。然而，翻译涉及众多学科与领域，若不具备该领域一定的基础知识将很难理解文本，也就很难翻译得准确。有限的词汇量、狭窄的知识面、匮乏的文化背景知识均是阻碍学生翻译水平提升的因素。

基于以上问题，很多院校纷纷开设了涉及西方文化以及文学方面的选修课，旨在扩大学生的知识面，激发学生对外国文化的兴趣，培养学生的文化差异意识。在具体的翻译教学中，教师还应将英美文化知识和教学内容有机地结合起来，增强学生对英语中所含的文化现象的认识和理解，从而提高他们在翻译中处理文化问题的能力。

此外，教师还应有意识地选用一些包含文化知识、涉及文化差异的教材，并利用一切策略、资源来帮助学生置身于跨文化交际的真实情景中，体会英语的具体使用，以使学生能更加忠实、准确地再现原文的思想意图。

(二) 夯实学生的语言功底

由于翻译是一种语言转换为另一种语言的活动，所以要想译出好的作品就必须在两种语言之间寻找最佳的信息匹配方式。如果没有强大的双语基本功作支撑，那么学生将既无法深刻体会源语言的信息，也无策略将其有效地通过目的语表达出来，翻译的质量大打折扣。

在英语翻译教学中，教师通常只关注提高学生的英语水平，而忽视了学生的汉语水平。著名翻译家陈廷佑曾指出，能不能译出来取决于译者的英文功底，而译得好不好则取决于译者的汉语功底。因此，加强培养学生的汉语语言功底具有十分重要的意义，要让学生熟悉汉语行文特征，了解汉语的表达习惯，这样才能在翻译过程中体现、发扬汉语语言传统，创造出更加完美的译文。

（三）积极开展网络教学与第二课堂教学

从目前来看，我国的英语翻译教学仍沿用着传统的教学策略和教学工具。在科技、经济、生活发生巨大改变的今天，传统的教学策略与工具已经无法更好地提升学生的翻译能力。基于此，教师应积极主动地探索新的翻译教学策略与教学工具并身体力行。

互联网是一种信息技术，是信息传播、整理、分析、搜寻的一种技术，其主要任务是传递信息。互联网中存储海量的信息，且这些信息、资源的更新也非常及时。因此，在翻译教学中教师应充分发挥互联网的优势，将网络作为翻译课堂教学的补充，"既可以实现教师现场指导的实时同步学习，也可以实现在教学计划指导下的非实时自学，还可以实现通过电子邮件、网上讨论区、网络通话等手段的小组合作型学习等"。

另外，由于翻译课堂时间十分有限，所以教师还应在课下开展一些有益学生增加文化知识、提高翻译水平的活动，如要求学生阅读英文原版书刊、杂志等；观看英文电影、电视，听英文广播等。

（四）注重对学生文化差异意识的培养

加强学生的文化差异意识，对其更好地处理翻译中的文化差异问题，提高翻译能力，改善翻译教学的质量有重要意义。具体来说，教师可从以下几个方面着手。

1. 自然因素引起的文化差异教学

自然环境对人类生产生活有着较大的影响，这些影响也必然反映在其语言中。中国和英美国家所处的自然环境不同，因而各自语言中有关自然环境的语言表达所具有的文化含义也有所区别，其主要体现在自然、植物、动物、数字、颜色等客观文化现象的差异上。

所以，教师只有让学生了解产生差异的文化因素，学生才能更准确地理解原文，并将原本的真实含义传递给目的语读者。

2. 历史、宗教因素引起的文化差异教学

历史、宗教上的重要人物、事件等往往会反映在本民族的语言之中，从而产生不同民族的文化差异。这一因素带来的差异主要体现在修辞文化和习语文化等语言文化方面，这些会在以后章节中详细说明。在翻译过程中，学生只有对各自不同的文化积淀有所了解，才能准确辨别翻译中的文化问题，进而采取有效的对策，实现忠实、通顺的翻译。

3. 风俗不同引起的文化差异教学

英汉民族有各自特别的习俗和对事物的认识。这种差异在语言中的一个重要表现就是那些包含动物的词语褒贬含义不同。

例如，"龙"是中国神话中的动物，大约是从秦始皇开始，就有把帝王称之为龙的说法。汉朝以后，龙就成了帝王的象征。汉语中有许多含有"龙"的成语都是褒义的成语，如"真龙天子""蛟龙得水""龙凤呈祥"等。经历了上千年的演变和发展，龙的形象已经成为中华民族的象征，海内外的炎黄子孙仍骄傲地自称为"龙的传人"。但是，英语中的 dragon 是一种形似巨大、长着翅膀、有鳞有爪、口中喷火的、替魔鬼看守财宝的凶悍怪物，因而是邪恶的代表和恶魔的化身。由此可见，龙与 dragon 虽然都是神话中的动物，但它们的文化内涵却相去甚远。风俗不同引起的文化差异还体现在人们日常需求方面的服饰、居住文化方面。

总之，教师要重视这些由不同民族的生活习俗引起的文化差异，引导学生妥善处理词语所具有的不同文化内涵，做出正确翻译，实现跨文化交际的目的。

4. 思维方式不同引起的文化差异教学

英汉民族往往因为对同一事物的看法、理解不同而在各自的语言中有着不同的表达方式。思维方式的差异可以说是文化差异的根源，它几乎包罗或解释了中西文化差异的各个方面。

可见，在翻译教学中，英汉思维方式引起的文化差异教学同样重要。学生只有了解并把握了英汉不同的思维方式才能译出地道的作品。

第六章　自然、植物、动物、数字和颜色文化翻译

大自然是与人类社会相区别的物质世界。植物、动物、数字、颜色又是由这一世界衍生出来的不同物质，它们是与人类社会长期共存的伙伴，与人类的生活与情景息息相关。本章就对跨文化视角下的自然、植物、动物、数字和颜色文化翻译教学展开讨论。

第一节　自然文化翻译教学

一、"月亮"（moon）文化及翻译

"月亮"无论在中西方文化中都有着丰富的意象。但同样的月亮和月光在中西方人心目中却有着不同的理解和联想。

对于英美国家的人来说，月亮总能使他们想起尼尔·阿姆斯特朗乘坐阿波罗11号1969年7月20日首次登月的情景，"对一个人是一小步，对人类是一大步。"

在汉语文化中，明月常常使人产生思乡之情。例如：

峨眉山月歌

李白

峨眉山月半轮秋，

影入平羌江水流。

夜发清溪向三峡，

思君不见下渝洲。

随着中西方文化的不断交流与融合，西方人基本上可以理解和接受中国人对月亮的寄托。因此，将"月亮"译成英语时，西方人可以在直译的基础上灵活处理，并能将其意象表达出来。例如：

静夜思

李白

床前明月光，疑是地上霜。

举头望明月，低头思故乡。

二、"东风"（east wind）和"西风"（west wind）文化及翻译

"east wind"与"东风"是完全对应的两个词，但它们的文化意义却完全不同。在英美文化中，人们一见到"east wind"就会联想到刺骨的寒风。可见，"east wind"在西方人眼中并不是惹人喜爱的事物。

然而，在中国，"东风"是指"春风"，象征着"春天"和"温暖"，它吹绿了中华大地，使万物复苏，故有"东风报春"的说法，所以中国人偏爱东风，与东风有关的诗句也有很多，如陈毅《满江红》："喜东风浩荡海天宽，西风

落。"郭沫若《新华颂》:"多种族,如弟兄,千秋万岁颂东风。"另外,还有人将东风比喻成"革命的力量或气势"。

东风在中西方文化中的巨大差异,决定了其翻译时应该采取一定的策略。例如:

春思

贾至

草色青青柳色黄,

桃花历乱李花香。

东风不为吹愁去,

春日偏能惹恨长。

该例原文中的"东风"被直译成"east wind"。这种译法最为恰当,因为直译可以将原文文化和风格充分地展现出来,而且随着中西方文化交流的不断深入,大多数读者都知道"东风"在中西文化中的差异,所以直译基本上不会使读者产生误解。再如:

绮窗人在东风里,无语对春闲。也应似旧,盈盈秋水,淡淡春山。

(阮阅《眼儿媚,楼上黄昏杏花寒》)

By the green window

The lady sits in the east wind gentle.

Speechless, she faces spring idle.

All should be as of old:

Pools of limpid autumn water—her eyes.

Distant hills in springtime—her brows.

虞美人

李煜

春花秋月何时了?

往事知多少。

小楼昨夜又东风,

故国不堪回首月明中。

雕栏玉砌应犹在,

只是朱颜改。

问君能有几多愁?

恰似一江春水向东流。

相对于东风,西风在英美人看来是温暖的,它象征着春天即将到来,生命即将诞生,深受英国人的喜爱。因此,很多英语诗歌都喜爱赞美西风。

第二节 植物文化翻译

一、英汉植物文化概述

花卉、树木几乎在任何一个国家和民族都受到人们的喜爱。在我们的日常生活中,植物总能给我们带来愉悦的心情,各种千姿百态的造型和颜色是大自然赐予人类最好的礼物之一。然而受地理环境的影响，不同地域适宜生长的植物也有所不同。另外，受到各个国家的文化传统与观念的影响，各种植物在不同国家又有着不同的文化内涵。下面仅对中西方部分植物的文化进行比较。

（1）牡丹。牡丹在西方文化中被视为魔力之花，人们关注的更多的是它的药用价值，而非美学价值。

然而，在汉语文化中牡丹是富贵、华丽、高雅的象征。这些象征意义在我国的传统工艺、美术作品中随处可见。另外，牡丹在我国古代诗歌中也是经常被描绘、咏颂的对象，从中可以看出中国人赋予牡丹的特殊内涵及对牡丹的偏爱。

（2）荷花。在英语文化中，"lotus"具有懒散、舒服、无忧无虑的含义等。

相反，在汉语文化中，荷花（也称"莲"）多为好的象征意义。首先，"莲"因出淤泥而不染，象征洁身自好的品质，莲花、荷花因而也有着"花中君子"的美誉，是中国古今文学中常出现的意象。例如，唐代诗人温庭筠的《莲花》："绿塘摇艳接星津，轧轧兰桡入白蘋。应为洛神波上袜，至今莲蕊有香尘。"另外，由于荷花本身就具有美丽的外表，出尘脱俗的气质，所以常被用来形容女子的娇美。例如，唐代诗人王昌龄的《越女》写道："摘取芙蓉花，莫摘芙蓉叶。将归问夫婿，颜色何如妾？"

（3）玫瑰。玫瑰在西方是一种极为常见的花。玫瑰花的美丽与色彩使其成为语言中比喻的对象。具体来说，玫瑰在英语文化中主要有四种象征意义。首先，玫瑰象征着美丽与爱情。其次，玫瑰还象征着健康、温和、欢乐、顺利、乐观等。再次，玫瑰还象征王朝。英国历史上的英格兰兰开斯特王朝曾用红玫瑰作为其王朝的象征标志，而约克王朝则选用白玫瑰作为其标志，于是人们就将这两个王朝之间爆发的战争称为玫瑰之战。最后，玫瑰也象征着安静、私下、秘密。

对于这一点有多种解释，一般认为这是欧洲地区一种由来已久的风俗。从古罗马神话一直到近代，人们用玫瑰的图案来表示保持沉默、保守秘密。通常，餐桌上和会议厅天花板上所雕刻的玫瑰花图案提示人们这里的谈话不得外露。

在中国，"玫瑰"又名"月季"，与其在西方的地位相比，中国人对它并没有太多的怜爱。即便如此，玫瑰还是以美丽的外表、迷人的香味得到了一些诗人、作家的欣赏。例如，《红楼梦》中写道："三姑娘的诨名儿叫'玫瑰花儿'，又红又香，无人不爱，只是有刺扎手……"。"送人玫瑰，手留余香"喻指"为别人提供方便，自己也能留下好名声。"随着时代的发展、中西方文化的融合，"玫瑰"在汉语中也开始象征爱情。

（4）竹子。英语中的"bamboo"一词几乎没有什么特殊的联想意义，甚至该词词本身也是从其他语言中借用过来的。这是因为竹子主要生长在亚洲热带地区，所以西方人对其不是太熟悉，其通常只是一种植物的名称，并不能引起西方人的丰富联想。

在中国古代，人们用竹子作为书写记载的工具，如竹简。竹简对中国文字记录做出了巨大贡献。另外，竹子还被用来表示人的品格。例如，竹子空心代表虚怀若谷的品格；竹子不畏霜雪、四季常青，象征着顽强的生命和青春永驻；竹子的枝弯而不折，是柔中有刚的做人原则；竹子生而有节、竹节毕露则象征着高风亮节；而竹子亭亭玉立、婆娑有致的洒脱风采也为人们所欣赏。

（5）桂树。在西方，"laurel"一般象征着吉祥、美好、荣誉、骄傲。过去，英美国家的人喜欢用桂枝编成花环戴在勇士的头上，象征荣誉和成功。之后，人们将那些取得杰出成就的诗人称为桂冠诗人。可见，西方文化中的"laurel"与荣誉有着紧密的联系。

中国文化中的桂树也常象征荣誉。中国古代学子若是考中了状元便称"蟾宫折桂，独占鳌头"，历代文人也常用"折桂"一词来喻指科举及第。直到今天，人们也常会用"折桂"喻指在考试、比赛中夺得第一名。

二、英汉植物的翻译

（一）直译法

当某一植物词汇在英汉两种语言中的文化内涵相同或相似时，译者可以采用直译的翻译方法。保留形象的直译可以保留源语的文化特征，传递原文风格，再现原文神韵，使译文生动传神，从而促进中西方文化的交流。

（二）直译加注释法

有时，直译会给对不了解译文读者的理解带来一定的困难。因此，译者可以适当采用直译加注释的方法来处理植物词汇，即在保留原文植物形象的同时阐释其文化意义。

（三）意译法

当植物词汇直译过来很难被译入语读者理解，且添加注释又不方便时，译者就可以考虑舍弃原文中的植物形象进行意译，即只译出植物词汇的联想意义。

（四）套译法

在翻译植物词汇时，有时还可以使用套译法进行处理。

第三节　动物文化翻译

一、英汉动物文化概述

在语言交际过程中，人们常常借用一些动物名称表达某种含义或某种动物名称直接就象征着某种含义。不同地域内动物的种类有所不同，它们所扮演的角色与功能也存在差异，甚至人们对动物的社会观念与情感也有所不同，加之其他种种因素的影响，使人们对各种动物产生了不同的联想。下面仅以几种典型的动物为例，对动物在中西方文化中的联想进行比较。

（1）狗。在西方人眼中，狗是人类最忠实而真诚的伙伴，是人类最好的朋友。因此，西方人认为吃狗肉是一种不道德的野蛮行为，是一种罪恶。对狗的不尊重也就代表着对狗主人的不敬。带有"dog"的话语，通常为褒义。

相反，中国人过去对狗的态度并不是很好。狗在中国传统文化中经常是以负面形象出现的。因为在漫长的中国农耕社会中，普通百姓终日为了生存而奔忙劳累，饲养的动物是为了充当劳动工具或者食物，人们即使养狗，也多是为了防盗，看家护院，而不是因为喜爱，狗自然也就只能成为人们生活中的"仆人"，而不是朋友。因此，汉语中带有"狗"的表达多为贬义，意即"失意、坏人、奉承、巴结"等，如"哈巴狗""狗咬狗""狗拿耗子""狗腿子""狗眼看人低"等。另外，在汉语中，"狗"又称作"犬"，多用作自谦词，如"犬子"，对人称自己的儿子。"犬马"，古时臣下对君主自比为犬马，表示自己卑微低下但又忠心耿耿，甘愿被君主驱使，为君主效劳，效犬马之劳。随着时代的变迁，人们也改变了传统的思想，与"狗"有关的话语意义也发生了变化。例如，人们用"狗狗"代替"狗"，传达了一种喜爱之情。

（2）猫。"cat"在英语中是一个极其活跃的词，与其相关的词语很多。但是，猫在西方文化中多为负面的形象。例如，美国人认为，当在走路时如果前面跑过一只猫，这是不吉祥的征兆。在英语中，形容妇人恶毒时也常用猫。随着欧洲18世纪、19世纪城镇的形成，猫也逐渐成为人们生活的一部分，并进入了人们的生活圈子。

然而，在中国人眼中猫通常可以形容温顺的、可爱的。这是因为，捕鼠是猫的天职，昼伏夜出，主动出击，从不偷懒，满足了人们用猫除鼠保粮的愿望。例如，形容某人嘴馋会说"馋猫一只"；也会戏称小孩嘴馋为"小馋猫"或某人懒为"大懒猫"，这些通常都有亲昵之情。当然，汉语中也有一些对"猫"不大好的说法，像"猫哭耗子假慈悲"等。

（3）鸡。在西方文化中，鸡一般具有四种内涵。首先，鸡具有神话、宗教内涵；其次，鸡具有迎宾的内涵；再次，鸡具有好斗、自负的内涵，这与cock好斗的习性有很大的关系；最后，鸡有粗俗、下流的含义，因为cock在美国英语中喻指男性的生殖器（但在英国英语中并无此意）。

鸡在汉语文化中的内涵与西方完全不同。首先，鸡象征勤奋、努力和光明的前途，这与雄鸡破晓即啼，预示了一天的开始有关；其次，鸡具有吉祥如意的内涵，这是因为，汉语中"鸡"与"吉"同音，所以鸡就被人们赋予了美好的象征意义。

（4）羊。在西方文化中，羊常与弱者联系在一起，扮演着无独立性、多受他人控制的角色。

类似地，羊在中国文化中也多以柔弱温顺的形象出现，如"羊入虎口"。另外，羊还有吉祥的含义，这一点从中国的一些地名中可以看出，如"羊城"。

（5）龙和凤。龙在西方文化中是指一种没有"地位"的爬行动物，在英美人眼中它是一种凶恶而丑陋的动物。然而，汉语文化中的"龙"具有至尊至上的感情色彩，蕴含着"权威、力量、才华、吉祥"等褒扬的语义。

英语文化中的 phoenix 多与复活、重生有关。

在汉语文化中，凤凰是一种神鸟，常用来象征富贵、吉祥、爱情、皇后。可见，龙和凤在汉语中的喻义多为褒义，且经常在一起使用，如"龙凤呈祥""龙驹凤雏""龙跃凤鸣""望子成龙，望女成凤"等。

二、英汉动物的翻译

（一）直译法

当英汉动物词汇用来表示事物性质或者人物品质并且在意义形象、风格上是相同的或者具有相似之处时，译者可以采用直译翻译法。

（二）意译法

当用直译法翻译动物词汇行不通时，可以舍弃原文中的动物形象，尽可能地将原文的含义翻译出来，即意译。

（三）套译法

当直译和意译均不适用时，译者可以采用套译法。

第四节　数字文化翻译

一、英汉数字文化概述

数字是表示数目的文字或符号，是人类认识世界、改造世界和记录历史不可或缺的工具。中西方对同一个数字有着不同的理解，这是因为英汉数字的文化差异较大。

（1）数字"一"。古希腊哲学家、数学家毕达哥拉斯认为，数字"1"是由神所表现的不可分割的统一体，古代基督教象征主义者也支持此观点。英文中的 one，既可以表示数字"1"，又可指代."任何人或物"。英语国家的人们认为，除了"13"，所有奇数都是吉利的，所以常在整百、正千的偶数之后加上"one"这个单词，表示程度的加强或加深。

在汉语文化中，数字"一"是最小整数，常象征着"统一""简明""起始"和"完美"。这些意义主要源于中国古代道家的"道生一，一生二，二生三，三生万物"的思想。同时，汉语成语"一如既往""言行不一""一往无前"等，包含的意思还有"专一""完全""一致"等。

（2）数字"六"。毕达哥拉斯认为"6"多用来表示正义。在英语中"6"并不是一个受欢迎的数字，人们将其看作是凶数，所以带"6"的说法多为贬义。

然而，在汉语文化中，"三、六、九"均是吉利的数字，所以人们在送礼、出门时都愿意选一些与这些数字有关的日子。另外，"六"的谐音为"溜""禄"，带有"顺"的意思，所以人们选择数字或号码时都愿意选带有"六"的。

（3）数字"八"。"8"竖立时可以表示幸福，倒下时则表示无穷大，所以将两种意思放在一起，即"幸福绵绵无穷尽"。然而，在弹子游戏中8号球一般是一个危险的球，处于不利地位。此外，"8"还可以用来指"饮酒过量；微醉"。相比较而言，英语中的"8"的引申意义较少。

在汉语中，"八"因与"发"（财）谐音，因此是一个极受欢迎的吉利数字，代表着财富、美好和富足。例如，人们喜欢自己的房间、车牌、电话号码含有"八"，因为这代表大吉大利。汉语中许多含数字"八"的习语起初多表示数字，但因长期使用而演变成表示"多"的隐喻义了。例如，"八方"原为四方（东、南、西、北）和四隅（东南、东北、西南、西北）的总称，习语有"八方支援""八方风雨"等；"八音"原指金、石、土、革、丝、木、匏、竹等八音，习语有"八音齐奏""八音迭奏"等；"八斗之才"多指人富有才华，源自宋无名氏《释常谈·八斗之才》："文章多，谓之'八斗之才'。谢灵运尝曰：'天下才有一石，曹子建独占八斗，我得一斗，天下共分一斗。'"

二、英汉数字的翻译

（一）一般数字的翻译

1. 直译法

直译是指在翻译过程中将原文中的数字用译入语中与之相对应的数字代替。因此，如果在英汉翻译实践中涉及的两种语言在数字方面完全对等，就可以采用直译法进行翻译。

2. 意译法

每一个数字都蕴含着特定的民族文化内涵和特定的表达习惯，如果按照原文直译成另一种语言，会使译文晦涩难懂，也不利于读者理解，此时就需要意译。

3. 借用法

在英汉语言中，有些数字在内容和形式上都非常相似，不但具有相同的意义，还具有相同的修辞色彩，此时在不损害原文含义的情况下，就可以采用借用法进行翻译。

(二) 概数的翻译

所谓概数，是指用来表示简略、大概情况的数字。概数的翻译，通常采用对译的方式即可。

1. 表示"多于"或"多"

英语中常用"more than""above""over""past"等词加上数词表示"多于"或"多"，翻译时可以采用相应的数词进行翻译。

有时，英语中也用具体的数字来表达"多"。

2. 表示"不到"或"少于"

英语中的"less than""under""below""off"等词加上数字表示"不到"或"少于"，翻译时也可用相对应的数词进行翻译。

3. 表示"刚好""整整""不多不少"

英语中用"flat""sharp""cool"等词表示"刚好""整整""不多不少"的概念。在翻译这类概数词时，用对应的汉语即可。

4. 表示"大约""左右""上下"

英语中常用"or less""some""around"等词加上数词表示"大约""左右"

"上下"等概念。翻译时直接用对应汉语即可。

5. 不定量词短语的翻译

不定量词短语主要用于表示不确切的范围或是概念，有时也表示事物所处的状态等。多由数词和介词或其他词类搭配而成。

（三）地名中数字的翻译

在英汉翻译实践中，译者还经常会遇到一些在住所、通讯地址、营业地等中的数字。这些数字多用来表示门牌号码和邮政区号，所以将其翻译成汉语时可以直接将阿拉伯数字移植过来。

汉语地名中的数字除了表示门牌号、邮政区号之外，还可与其他词组合成专有名词。英译时，门牌号、邮政区号可直接移植，专有名词则应采用音译的方法。

第五节 颜色文化翻译

一、英汉颜色文化概述

世界民族对颜色的使用与爱憎在一定程度上反映着不同民族的文化意识、审美情趣、心理因素等。体现在语言上，即在使用颜色词时，对其赋予特定的文化内涵。因此，通过不同的颜色以及其对应的言语表达形式，人们就能获得相应的语言与文化信息。由于中西方文化中的颜色包括多种，限于篇幅有限，这里仅就几个常见的颜色进行比较分析。

（1）红色（赤色）。在英汉语言中，红色具有不同的文化内涵。在英语中，红色多表示崇高的信仰、博爱的精神、坚韧不屈的性格等。

在汉语中，红色多用来象征喜庆、欢乐、愉快、吉祥等。例如，在中国的传统婚礼中新娘会穿红色的衣服、顶着红色的盖头、门口贴红色的对联。另外，红色还用来表示胜利与成功，如"开门红""满堂红""走红运"。此外，红色还象征着革命和进步；象征美丽、漂亮，如指女子盛装为"红妆"或"红装"，指女子美艳的容颜为"红颜"等。

（2）黄色。在英语文化中，黄色多用来表示智慧、忠贞与荣耀；有时也用来比喻卑鄙的行为。例如，"yellow dog"是指卑鄙的人或者不参加、不协助工会的人。

相反，汉语中的黄色多表示尊贵。由于我们的祖先生活在黄土高原，华夏文化又源于黄河流域。中国历代皇帝的龙袍均为黄色，所以就有"黄袍加身"的说法；"炎黄"即中华民族的祖先，所以可以称中华儿女为"炎黄子孙"。当然，黄色有时也用来指堕落，如黄色电影、黄色笑话等。

（3）绿色。在英语文化中，绿色具有多种象征意义。首先，绿色象征青春、活力；其次，象征新鲜；再次，象征稚嫩、幼稚、不成熟、缺乏经验；最后，象征钞票、金钱。由于美国的钞票以绿色为主色调，因而绿色具有钞票的象征意义。

但汉语中的绿色却并非属于尊贵之色，与黄色相比，绿色多被视为"贱色"。古代的下层人士多穿着绿色的衣衫。

（4）白色。白色在英语中最常见的象征意义就是纯洁、真诚，如白色婚纱表示冰清玉洁、真诚与善解人意。另外，英语中还有很多与白色组合在一起的词，其喻义均与公正、纯真有关。

在东方，从传统意义上讲，白色为素色，所以古时平民均着白衣，孝服也为白色。在戏曲表演艺术中，白色的脸谱多用来装扮奸诈的人物。有时白色在汉语中也象征纯洁，例如白头偕老、白璧无瑕、洁白无瑕等。但是，白色也可用于表示反动和觉悟低，如白区、黑白两道、白色恐怖等。

（5）黑色。在传统意义上，黑色在英汉语言中均为正色，用于服饰的颜色多表示尊贵、深沉和坚定。但是从文化层次上看，黑白两色分别代表黑夜与白昼，所以可以喻指邪恶与善良、黑暗与光明、死亡与生长等对立的事物。汉语中有黑白不分、黑帮、黑名单、黑手等。有时，黑色在汉语中也被"青"代替，如青丝、青衣、青龙等。

二、英汉颜色词的翻译

（一）直译法

对于英语和汉语中意义相近的色彩词，译者可以保留颜色词进行直译。

（二）直译加注释法

一些颜色词在直译后无法将原语的意思清楚、准确、完整地再现出来，这时就要增加注释进行翻译。

（三）意译法

当无法保留颜色词进行直译，也不能进行替换时，就可以考虑采用意译法，对原文进行适当增补或删减，以使译文符合译入语的表达习惯。

（四）增词法

在翻译过程中，有时原文中虽然没有直接使用颜色词，但是可以根据译文的表达需要以及原文意义，适当增补颜色词。

（五）减词法

有时候，英汉语中的一部分颜色词无法进行直译，也无法替换颜色词进行翻译，此时可以去掉颜色词进行意译，以便更准确地表达本意。

（六）换词法

有时英语中的某一个颜色词与其相对应的汉语颜色词的语义不同，或者差异比较大，译者应该根据译入语的表达习惯进行替换。

自然、植物、动物、数字和颜色均是英汉文化翻译教学研究中不可忽视的几个方面。同一种自然现象、植物、动物、颜色或数字在中西方文化中往往有着巨大的差异，这或许与该民族的历史、地理有关，也或许与该民族的民俗、风尚相关。因此，如果能从源头出发，对英汉自然、植物、动物、数字和颜色的文化差异有全面了解，将会使我们的翻译活动更为顺利、有效。

第七章　修辞和习语文化翻译

修辞作为一种言语表达的艺术，它可以使语言更加优美，思想表达更加流畅、鲜明。习语是语言发展的结晶，是语言使用者长期以来习用的、形式简洁而意义精辟的定性词组或短语。修辞和习语作为语言文化的重要内容对跨文化视角下的英汉翻译教学具有重要影响。本章就系统地对英汉修辞、习语文化翻译教学进行讨论。

第一节　修辞文化翻译教学

一、英汉修辞文化概述

（一）比喻修辞文化

比喻修辞可以大体分为明喻和暗喻。

1. 明喻

汉语中的"明喻"是将两个不同事物之间的相似点进行对比，用具体的、浅显的和熟知的事物去说明或描写抽象的、深奥的、生疏的事物，从而获得生动形象、传神达意的修辞效果。

前面已经提到，英语明喻的标志性连词有："as""like""as……as"。

2．暗喻

《辞海》对"暗喻"的释义为比喻的一种。本体和喻体的关系，比之明喻更为紧切。明喻形式上只是相类的关系，暗喻在形式上却是相合的关系。本体和喻体两个成分之间一般要用"是""也"等比喻词。

暗喻就是不用明显的比喻词，而是直接把本体说成是喻体，所以含义较为含蓄。

汉语中暗喻的例句有很多。例如：

让我们对土地倾注更强烈的感情吧！因为大地母亲的镣铐解除了，现在就看我们怎样为我们的大地母亲好好工作了。

（秦牧《土地》）

该例句中，本体"大地"和喻体"母亲"作为同位语相继出现，在前一分句中，用作同位语，而在后一分句中，用作同位宾语。

（二）委婉语修辞文化

汉语中的委婉语又称"婉曲""曲折""婉言"等，是指在特定的情景中，说话人要有所顾忌，不可直截了当地将要表达的内容说出来，而要用委婉的词汇，含蓄、曲折地表达出来。婉言可以进一步分为两大类：婉言和曲语。婉言，即不直接说出本意，故意用一种含蓄的方法表达要说的话。曲语，是指不直接说出本意，而通过描述和本意相关的事物来烘托本意。例如：

怕啥？大不了，打一仗再走，咱们的刺刀正想开荤了。

（周立波《湘江一夜》）

（孟祥英的婆婆）年轻时候外边朋友们多一点，老汉虽然不赞成，可是也惹不起她——说也说不过她，骂更骂不过她。

（赵树理《孟祥英翻身》）

英汉委婉语的差异主要体现在如下几个方面。

（1）中西方社会价值观的不同。西方国家崇尚金钱、物质，人们对于钱的态度很大方、坦然，所以不存在遮掩的委婉语；相反，汉语民族因儒家思想的影响，具有浓重的重义轻利、重义轻财的价值观，于是出现了"君子喻于义、小人喻于利""士不理财"，但随着时代的变迁，人们越来越看重金钱的重要性，对有钱人干脆直呼"大款""暴发户"等。

（2）中西方等级观念的不同。西方文化中没有明显的等级观念，在英美等国，人们不考虑身份、年龄、性别等因素，统统直呼其名。相反，中国文化中就具有明显的"名讳"情形，即上级对下级或长辈对晚辈可以直呼其名，而下级对上级则只能称官职，晚辈也不可直呼长辈之名。

（3）中西方宗教信仰的不同。汉语多会用"归西""上西天""上天""隐化""物化""生仙""仙逝"等词来表达"死亡"，这是因为中国人有人信仰佛教和道教。佛祖释迦牟尼居住在西方极乐世界，佛教的善男信女们生前积德行善，希望死后可以达到西方极乐世界，见到佛祖，于是就有了"归西""上西天"等死亡的委婉表达。道教是我国的本土宗教，源自老子和庄子的道家思想，于是委婉语中就体现了达观、淡泊等生死观，如"物化""隐化""仙逝"等。

（三）排比修辞文化

《现代汉语词典》指出，"排比是指用句子成分或句子来表示一种层层深入的关系，其中的句子成分或句子之间通常是内容相关、结构类似的。"

英汉排比修辞最大的差异体现在它们结构的不同，具体指两个方面：替代和省略。

（1）替代。对于排比部分重复出现的名词，汉语排比总是重复这一名词，而英语则会用人称代词来指代前项的名词。

（2）省略。汉语排比几乎不会出现省略现象，而英语排比则会在极少数情况下出现省略，且省略的多是作为提示语（即排比部分重复出现的词）的动词。

（四）拟人修辞文化

英汉拟人修辞的差异主要体现在英汉词汇拟人的不完全对应现象。词汇不但与语言特点有关，而且还与文化背景有关，由此就形成了英汉语言与文化的不完全对应。

（五）双关修辞文化

汉语双关修辞，是指利用词的多义和同音等条件，有意识地用同一个词、同一句话或同一个语言片断，在同一个上下文中，言在此而意在彼。按照表现形式与内容，可以将汉语双关修辞分为两类：谐音双关和语义双关。例如：

夜正长，路也正长，我不如忘却，不说的好吧。

（鲁迅《为了忘却的纪念》）

对于英汉双关修辞的差异，这里主要就其分类问题做简单讨论。前面已经提到，英语双关可以分为同音双关、近音双关、同词异义双关、一词多义双关和歧义双关五类。然而，同词异义双关是否在汉语中存在与其对应的类型始终是修辞学家们争论的焦点。

（六）倒装修辞文化

英语倒装修辞可以分为语法性倒装与修辞性倒装。其中，语法性倒装受语法规则和惯用法的限制，主要分为完全倒装和部分倒装两种。

完全倒装指的将全部谓语放在主语之前。

部分倒装指将谓语的一部分放在主语之前，即将助动词或情态动词放在主语之前。

诗歌、小说等文学作品中常使用修辞性倒装，因为修辞性倒装具有加强语气、便于抒发情感、突出表达思想的作用。修辞性倒装可以进一步分为表语倒装、谓语倒装、宾语倒装、状语倒装。

汉语倒装修辞通常可以分为：主谓倒装、定中倒装、状中倒装、述宾倒装、偏正倒装五种。例如：

终于过去了，中国人民哭泣的日子，中国人民低着头的日子！

（何其芳《我们伟大的节日》）

总之，英汉倒装修辞在修辞效果、结构和运用上基本相似，均具有强调句子成分、调节句式平衡、增加语言生动性的作用。尽管如此，也并不意味着英汉倒装是完全对应的。汉语一般较少适用倒装结构，所以在翻译倒装结构时，要综合考虑各种因素。通常汉语倒装宜译成英语顺陈结构，英语倒装宜译成汉语顺陈结构。

（七）拟声修辞文化

《现代汉语词典》将拟声词解释为：摹拟事物的声音的词，如"哗""轰"

"乒乓""叮咚""扑哧"等。

英汉拟声词的差异主要体现在这几个方面：首先，英汉拟声词的语音形式不同。其次，英汉拟声词的结构不同。汉语拟声词的结构是有规律的，读起来富有节奏感，朗朗上口；而英语的拟声词结构则相对比较简单，不论模拟的声音多么复杂，英语拟声词一般都由一个单一的词汇构成。当然，英语拟声词中也有一些结构较为复杂的，但这类拟声词较为罕见。再次，英汉拟声词的词性不同。英语多用形容词、名词、动词、副词来充当拟声词，而汉语中有单独的拟声词，一些人将其当成虚词，认为与感叹词是一类；另一些却把它当成实词，认为其语法功能同形容词、名词或副词很接近；还有的学者认为拟声词既不是实词，也不是虚词。总之，汉语拟声词的词类归属目前还没有准确的定论。

二、英汉修辞的翻译

前面主要就英汉语言中的比喻修辞、委婉语修辞、排比修辞、拟人修辞、双关修辞、倒装修辞和拟声修辞做了简单阐述和对比，这里也针对它们的翻译方法进行探究。

(一) 比喻修辞的翻译方法

1. 明喻修辞的翻译方法

(1) 在翻译明喻修辞时，译者可以用译入语中相应的比喻词来翻译原文中的比喻词。

(2) 意译法。

(3) 转换法。

2. 暗喻修辞的翻译方法

（1）直译法。

（2）直译加注释法。

（3）意译法。

（二）委婉语修辞的翻译方法

1. 直译法

同一个委婉语在英、汉语言中均有相应的词语时，可采用直译法进行翻译。

2. 意译法

因语言、种族、习俗、文化等方面的原因，一些委婉语并不能在目的语中找到对应的表达，此时便可以考虑意译翻译法。

（三）排比修辞的翻译方法

1. 直译法

用直译法翻译排比修辞，不仅可以保留原文的形式，而且也可以保留原文的韵味，符合译语排比句的特点。

但是并不是所有排比句都要直译，若盲目直译往往适得其反，可能造成译文枯燥无味或冗长啰唆。因此，翻译英语排比句时还应适当选用其他翻译方法，使译文更符合汉语的表达习惯。

2. 增补法

英语有习惯省略重复词语的表达习惯，然而汉语则习惯通过重复用词来增加语言效果。因此，英译汉时应适当使用增补法，将原文字面上省略的含义在译文中增补出来，使译文在语法、语义、语言形式上更符合原文的实际含义，并使译文的意思表达得更清晰、完整，同时又符合汉语的表达习惯。尽管增补法看起来增加了原文字面中没有的含义，但实际上却是忠实了原文，保证了译文的质量。

3. 省略法

省略法是指将原文字面上有的，而翻译出来却显多余的表达省去不译。运用省略法翻译时，应该注意，省略是为符合目的语表达习惯和译文的通顺流畅而减词不减意的一种方法，不能胡乱省略，否则将会造成原文含义的遗失，违背了忠实原则。

（四）拟人修辞的翻译方法

对于拟人修辞的翻译，一般可以采用归化法。

（五）双关修辞的翻译方法

1. 直译法

对于双关修辞的翻译，最常见的方法也是直译。

2. 套译法

当双关修辞无法采用直译翻译法时，译者只能舍弃原文双关的情趣，仅译出原文的基本意思。

3. 拆译法

所谓拆译法，是指将原文中的双关语义拆分开来，并将其译文列出，用目的语中两个或多个字表述，在译文中对双关语的字面意义、隐含意义分别进行翻译。

（六）倒装修辞的翻译方法

前面提到，英语倒装修辞可以分为语法性倒装和修辞性倒装两类。一般来说，对于语法性修辞的翻译，可以采用复位翻译的方法，也就是恢复其自然语序。而对于修辞性倒装，为了体现原文的特点，应尽量保留原文的修辞手段，如果不能做到与原文相同，就要依据汉语的行文习惯，采用其他句式再现原文的倒装结构。

（七）拟声修辞的翻译方法

在英汉翻译过程中，对拟声词的翻译应该根据其上下文，选择与原文相对应的拟声表达，有时即使是同一个拟声词，但语境不同，译者所选择的拟声词也要随之改变。而有时，译者应该根据表达的需要，增补相应的拟声词。

第二节　习语文化翻译

一、英汉习语文化概述

（一）英汉习语的定义

凡是有着悠久历史的语言均会包含大量的习语。可以说，习语就是在长时间的使用中提炼出来的短语或短句。语言是文化的载体，而习语则是语言的核心和精华，人们通过对习语的使用可以传达大量的文化信息。然而，在英汉语言中，对习语的解释是否存在差异呢？下面就对它们进行阐述。

在汉语中，人们将"成语"作为一个总括词，如方绳辉将成语归纳为

22 种，包括谚语、俗语、古语、惯语、常言、典故、格言、引申、比喻、转喻等。张志公认为，"成语有广狭二义"。从广义角度说，凡是习惯上常常作为一个整体说的语言单位都称作成语，具体包括：（1）各种固定格式（或固定词组），如"三三两两、三五成群、七上八下、得心应手"等；（2）谚语、格言、俚语等。从狭义角度说，只有（1）才称作成语。所以广义上的"成语"就相当于习语。然而目前的成语只用狭义，所以与习语不对等。另一个接近习语的词是"语"。温端政"语"是"由词和词组合成的、结构相对固定的、具有多种功能的叙述性语言单位"，包括歇后语、谚语、成语、惯用语等。但这不一定能被大家接受。真正与"idiom"对等的词应该是"熟语"。熟语最早出现在 20 世纪 50 年代下半叶，它是从俄语译借过来的术语。在随后的 30 年中，熟语的概念由模糊逐渐转变成了清晰。起初，有人将其看成是惯用语辖下的与成语、歇后语平等的下属单位；有人认为熟语包括语言中的成语、谚语、格言和警句、歇后语、俗语、惯用语六大类；还有人认为熟语有着更广的范围，如刘叔新认为熟语除了包含上述六类，还包括成句子的俚语、专门用语、专名语。周荐认为熟语应该包括专门语和专门用语。新编《辞海》（第七版）将"熟语"定义为"语言中固定的词组或句子，使用时不能随意改变其组成，且要以其整体理解语义，包括成语、谚语、格言、惯用语、歇后语等"。可见，英语中的习语就是汉语的熟语。

（二）英汉习语的来源

1. 源于民间传说

很多英汉习语都源于民间传说。例如，"swan song"，据传天鹅在行将死亡前发出的声音最委婉动听，其声音能流露出对生的留恋，对死的忧伤，所以多用来喻指诗人、音乐家等的"辞世之作"、演员的"告别演出"以及某些人物的"最后露面"等。

汉语中有不少源于民间传说的典故，如"女娲补天""精卫填海""八仙过海——各显神通""狗咬吕洞宾——不识好人心""班门弄斧""嫦娥奔月"等。

2. 源于文学著作

部分英汉习语源于历史典故或名人之言。例如，《最大或最好的部分》源自《伊索寓言》：一头狮子和一头驴、一只狐狸一起去打猎，商量好将获得的猎物评分。最后它们捉到了一只大肥鹿，并让驴来分配。老实、憨厚的驴将鹿平均分成了三份，但这激怒了狮子，它感觉自己的威信、勇敢与尊严都受到了侮辱。于是，它怒吼着朝驴扑过去，将其咬死。之后，狐狸不得不承担分鹿的任务。狡猾、精明的狐狸为了保全自己的性命，只咬了一小块肉，剩下的都给了狮子。再如，"割肉还债，残酷榨取"，出自莎士比亚的《威尼斯商人》，其主要情节是夏洛克要残忍地从欠债人安东尼奥的胸前割下一磅肉来。

汉语中也有不少习语出自文学著作，如"逼上梁山""刘姥姥进大观园""刮骨疗毒""身在曹营心在汉""大意失荆州"等。

3. 源于历史事件

历史上的著名历史事件也是英汉习语的一个重要来源。汉语中源于历史事件的习语也有很多，如"鸿门宴""卧薪尝胆"等。

4. 源于风尚、习俗

英汉习语的形成及发展与社会的发展密不可分，所以其与社会的方方面面如政治、经济、生活方式均密切相关。

风尚、习俗同样也是汉语习俗得以产生的一个因素。例如，"喧宾夺主""家和万事兴""女大当嫁""门当户对""清官难断家务事"等。

5. 源于某些动物的特征

一些习语还与动物特征有密切联系，如"a bird of ill omen"用来比喻"不吉利的人，常带来不幸消息的人"，源自古代占卜的风俗。渡鸟的嗅觉十分灵敏，能够判定远方腐尸的位置，因此，渡鸟常常象征死亡。猫头鹰在恶劣天气来临之前喊叫，而坏天气常带来疾病，故猫头鹰被视作丧鸟，阴森之鸟。

汉语中也有不少习语源于动物特征，如"虎狼之心""花脚猫""走狗"等。

6. 源于行业用语

不同的行业催生了不同的习语。

(三) 英汉习语的分类

1. 英语习语的分类

(1) 动词性习语

动词性习语以动词为中心，并与其他词语搭配使用，通常在句中充当谓语。动词性习语在英语中占有很大的比例，通常由以下几种结构构成。

①动词+介词。

②动词+副词。

③动词+副词+介词。

④动词+名词。

⑤动词+介词短语。

⑥动词+名词+介词短语。

⑦动词+名词+介词。

⑧动词+形容词。

（2）名词性习语

名词性习语以名词为中心，与其他词语搭配使用，这类成语由以下几种结构组成。

①名词+名词。

②名词+介词+名词。

③名词+and+名词。

④名词/专有名词+´s +名词。

⑤形容词+名词。

（3）形容词性习语

①形容词+and+形容词。

②形容词/副词+介词短语。

③as+形容词+as+名词。

④介词+名词。

（4）副词性习语

①介词+名词。

②名词+and+名词。

③介词+名词+and+名词。

2. 汉语习语的分类

汉语习语一般可以按照如下两个标准分类。

（1）按照音节数目分类。根据音节数目的多少，汉语习语可分为四音节习语和非四音节习语。四音节习语如"卓尔不群""助人为乐""冰清玉洁""卧薪尝胆""鹤发童颜""大同小异"等。非四音节习语又可细分为如下几种。

　　三字习语：开场白、忘年交

五字习语：温良恭俭让、功到自然成

六字习语：百思不得其解、反其道而行之

七字习语：放之四海而皆准、心有灵犀一点通

八字习语：知其不可为而为之

九字习语：不以规矩不能成方圆

十字习语：知其然而不知其所以然

三言对句：同甘苦，共患难；求大同，存小异

四言对句：四体不勤，五谷不分；生于忧患，死于安乐

五言对句：海内存知己，天涯若比邻

六言对句：即以其人之道，还治其人之身

七言对句：先天下之忧而忧，后天下之乐而乐

不规则对句：民不畏死，奈何以死惧之

（2）按照结构搭配关系分类。根据习语内部结构搭配关系的不同，习语可分为平行与修饰两大类。其中，平行关系包括并列、承接、目的、因果等，修饰关系包括主谓、动宾、偏正、述补等。例如：

并列：承上启下、大呼小叫

承接：水到渠成、瓜熟蒂落

目的：扬长避短、声东击西

因果：水滴石穿、有恃无恐

主谓：任重道远、苦尽甘来

动宾：移风易俗、厚古薄今

偏正：言外之意、难言之隐

述补：应运而生、拒之门外

二、英汉习语的翻译

（一）直译法

英汉习语中有一部分相同或近似的习语，它们的字面意义和形象意义相同或近似，隐含意义相同，在对它们进行翻译时可以采用直译法。

（二）直译加注法

一些习语带有浓厚的民族色彩、地方色彩或具有典故性，译者在对它们进行翻译时，如果不想费脑筋再造或移植英文双关，可以采用先直译再加脚注的方式。但是，直译加注法会影响阅读的流畅性，所以在翻译过程中应该慎用。

（三）意译法

受中西方文化差异的影响，一些习语若采用直译法翻译将无法保留源语的字面意义和形象意义，此时就可以考虑使用意译，将源语中的形象更换成另一个目的语读者所熟悉的形象，从而转达出原文的语用目的，译出隐含的意义。

（四）直意结合法

直意结合法是指将原文中通过直译可以明确传达意义的部分直译出来，而不便直译的部分意译出来。直意结合法既可以准确传达原义，又符合译语的表达习惯，易于读者的理解。

（五）套译法

套译法就是用目的语中的同义习语去套译源语中的习语，尽管套译中的形象不同，但其喻义形似，使译文能与原文做到意义上的对等。

语言的表达应该确保听者或读者可以容易地理解，但这并不意味着语言不需要做任何修饰、润色。事实上，有时要想准确、完整地传达出作者或说话者的话语意义，必须对语言做一些加工，使其更加生动、形象。

第八章　人名、地名、服饰、饮食和居住文化翻译

人名是社会上每一个独立的个体都具有的标志，是现实生活中与每个人相对应的特定指称。简单地说，人名就是人与人之间的区别性符号。同理，地名就是地域与地域之间的区别性符号，地名也是人类生活中随处可见的。此外，服饰、饮食和居住也与人类的生活息息相关。本章重点研究人名、地名、服饰、饮食和居住文化翻译教学。

第一节　人名文化翻译

一、英汉人名文化概述

人名既表达着特定的历史，又展现着某种文化，既蕴含着某个故事，又可描绘成一幅画卷。可见，人名可以充分反映当时当地的经济发展状况、思想文化传统及人们的风尚习俗，内涵丰富，引人入胜。下面仅从两个角度对英汉人名文化的差异进行研究。

（一）英汉人名的结构不同

英汉人名文化的差异首先体现在结构上。英语人名的排序为：名在前，姓在后，如 William Shakespeare（威廉·莎士比亚）。英语国家的人名结构为：教名+中间名+姓，如 Thomas Alva Edison（托马斯·阿尔瓦·爱迪生）。但是多数情况下，英语的中间名仅写首字母或不写，如将 Eugene Albert Nida 写成 Eugene A. Nida 或 Eugene Nida。

汉语人名通常由四个部分构成：姓+名+字+号。姓用来区分一个人所属的氏族血统；名一般都寄托着父母等长辈对孩子的期望，反映着取名者的价值观念与取向；字则是对名的内涵的补充和延伸；号是对字的进一步解释，常用作自我激励。在现代社会中，汉语人名通常只包括两个部分：姓+名。汉语人名的排列顺序是：姓在前，名在后，如"赵奕奕、王鑫、孙小雅"等。这里的"姓"代表血缘、先祖、家庭、群体，可以说是一个"共名"，而"名"则代表个体，是一个专名。从古至今，汉语中的姓都是从父辈传承下来的，孩子都随父姓。随着时代的发展和进步，人们越来越追求个性，讲求特立独行，于是有些孩子的姓氏也会跟随母亲，如母亲叫赵晓燕，女儿叫赵芳芳。

（二）英汉取名的方式不同

英汉取名的方式也有所不同。英语人名是教名和中间名的结合，其通常来源于如下方面。

（1）来源于《圣经》故事。由于基督教对整个西方文化产生了巨大影响，所以英语中的很多人名都来自基督教的《圣经》。例如，Daniel（丹尼尔）、John（约翰）、Samueel（塞缪尔）、Abram（亚伯兰）、Obadiah（奥巴代亚）等。

（2）来源于古希腊、罗马的神话。例如，Helen（海伦）、Irene（艾琳）、Diana（戴安娜）、Jupiter（朱庇特）等。

（3）来源于自然界中的万事万物。例如，Shirley（雪利）、Linda（琳达）、Olive（奥利弗）、Peter（彼得）、Calf（卡芙）、Dahlia（戴莉娅）、Rose（罗斯）等。

（4）来源于知识、权威、声誉等。例如，Alfred（艾尔弗雷德）、Asher（阿舍）、Vivian（维维安）、Agnes（阿格尼丝）等。

（5）来源于历史人物。例如，Harold（哈罗德）、Richard（理查德）、Edward（爱德华）、Arthur（阿瑟）、Lincoln（林肯）、Byron（拜伦）、Jackson（杰克逊）、Monroe（梦露）等。

（6）来源于亲朋好友的姓名。在英美国家，还有很多人的名字来自父母亲朋的名字，例如，达尔文的名字就取自其父亲和伯父。这种依据父亲和亲朋命名的方式，使很多人与其父辈、祖辈的名字重复。例如，威廉·皮特（William Pitt）父子同名，马丁·路德·金（Martin Luther King）父子同名。为了区分这种父子同名的现象，英国人习惯在父亲姓名后面加上 the Elder，儿子姓名后面加 the Younger。例如，George Colman the Elder（父亲）和 George Colman the Younger（儿子）。然而，美国人对于重名现象的区分方法是：在父亲姓名后加 Senior（略作 Sr.），儿子姓名后面加 Junior（略作 Jr.），如 James Earl Carter, Jr.（小卡特）和 James Earl Carter, Sr.（老卡特）。

虽然英语国家人名的来源非常广泛，但人们真正喜爱和使用的也不过几十个。

由于文化背景和生活环境不同，中国人的名字一般来源于如下几个方面。

（1）来源于某人的生辰八字。有些人名是根据其出生的时刻命名的，如"子初""庚生"等；有些人名则是按照生辰八字与五行（金、木、水、火、土）命名的，如果命中缺水，就在其名字中加上"江、河、湖、海、川、泉"等字；如果命中缺木，就在名字中加上"木"字。

（2）来源于某人出生的时间、天气状况。例如，"春生""冬生""冬梅"或"雪英""小雨"等。

（3）来源于某人在家中的排行顺序。例如，"赵二""李四"等。

（4）来源于某人父母的名字。如果孩子的父亲姓张、母亲姓林，女儿就叫"张琳"。

（5）来源于某人出生的地点。例如，"李沪生""赵珈音"等。

（6）来自重大事件，纪念某个事件或某个人名。例如，"解放""建国""学迪"等。

（7）来源于动植物。例如，"鹏""雁""燕""龙""凤""虎"；"梅""花""松""荷""莲"等。

（8）来源于贵重金属。例如，"金莲""银莲""铁柱"等。

（9）借用外国人的人名。哲学家艾思奇，原名李生萱，后借用马克思的"思"和伊里奇·李宁中的"奇"而取名为"艾思奇"，其谐音为"爱思奇"。

二、英汉人名的翻译

（一）英译汉的方法

将英语人名翻译成汉语一般可以采用两种方法：音译法和形译法。

1. 音译法

在将英语人名译成汉语时，首先应该考虑其发音，译成相应的汉语，遵循"名从主人"的原则。运用音译法翻译人名时，应该注意下面几个问题。

（1）发音标准

所译人名的音不仅要符合人名所在国语言的发音标准，还要符合汉语普通话的标准发音，以使不同的翻译工作者在对人名进行翻译时可以做到"殊途同归"。

（2）按性别翻译

同汉语人名一样，英语人名也有性别差异。在使用音译法翻译英语人名时，译者需要选择可以进行性别显现的汉字。

（3）尽量简短

音译名还应尽量简短，以便于记忆。译者在翻译过程中，可将英语中一些不明显的发音省略掉。

（4）避免出现生僻字和易引起联想的字

翻译人名时还必须采用译音所规定的汉字，避免使用生僻的字和容易让人引起联想的字。

2. 形译法

有一些译著或媒体还经常使用形译法翻译人名。由于中西方文化融合的速度越来越快，人们身边不断出现了很多新的人名，这些人名没有约定俗成之名可以遵循，也无法采用音译法进行翻译，此时就可以运用形译翻译法。

（二）汉译英的方法

1. 人名的翻译方法

（1）音译法。

（2）音译加注法。

（3）释义法。

2. 字的翻译方法

在汉译英的过程中，译者可以将汉语人名中的"字"翻译成英语人名中的"爵号"。

3. 号的翻译方法

对于汉语人名中的"号"，译者可以将其译为"literary - name"或"pen - name"，号的内容应根据实际情况采用音译法或意译法处理。

第二节　地名文化翻译

一、英汉地名文化概述

地名即一个地方的名称，名字由一个或几个字构成，用于代表一种事物，区别于别种事物。《中国大百科全书》指出，"地名是人们在相互交流中为了识别周围的环境对于地表特定位置上的地方所赋予的名称。"可见，地名就是一种代表地理实体的符号。这里所说的"地理实体"主要包括地方、地点、地物（如地上建筑物、园林等）、地域、水域等。

地名通常可以分为纯地名和准地名。所谓纯地名，是指自然地理试题名称，如江河湖海，行政区划分、道路街道名。所谓准地名，是指车站、机场和文化设施等具有地名意义的名称或地名。

虽然地名属于地理学研究的范畴，但其也是社会公共信息之一，与一个国家的历史、语言、文化均有一定联系。下面就对英汉地名文化进行简单比较。

(一) 英语地名的来源

(1) 来源于普通名词。有些表示地方的专有名词多来源于普通名词。这是因为有些地方在所属类型的地形中十分突出，因而被直接冠以该地形的名字，成为专有名词。

(2) 来源于方位和位置。英语地名还经常来自于方位和位置。

(3) 来源于宗教。

(4) 来源于动物。

(5) 来源于姓氏、名字。在西方国家，地名来自姓氏、名字的现象也很普遍。

(6) 来源于矿藏和物产。

(7) 来源于形状和特征。

(8) 来源于美好愿望。

(9) 来源于移民故乡。

(二) 汉语地名的来源

汉语地名的来源也是非常广泛，具体体现在如下几个方面。

(1) 来源于地理环境。中国的很多地名都来自地理环境。例如，"黄河"

"黄海"均来源于这些地区水中含有大量的黄沙；"齐齐哈尔"是因该城市拥有天然的牧场而得名；海南岛的"五指山"是因其山的形状像五指而得名等。

（2）来源于方位和位置。在中国，以东、南、西、北方向为依据而形成的地名有："山东""山西""河南""河北""湖南""湖北""广东""广西"；以阴阳位置为依据（对山而言，南为阳，北为阴；对水而言则正好相反）而得出的地名有："洛阳"（位于洛水以北）、"衡阳"（位于衡山之南）、"江阴"（位于长江以南）等。

（3）来源于宗教。中国自古就以信奉佛教为主，另外还会宣扬一些道教、伊斯兰教、基督教、天主教以及民间宗教等。与这些宗教共同出现的一些古迹的名称也都成了今天文化的古迹。这些古迹的名称如"庙""寺""观""阁""宫""塔"等。

来源于佛教的历史文化古迹有："白马寺"（在河南省）、"少林寺"（在河南省）、"五台山"（在山西省）、"九华山"（在安徽省）、"峨眉山"（在四川省）、"普陀山"（在浙江省）、"敦煌莫高窟"（在甘肃省）、"龙门石窟"（在河南省）、"云冈石窟"（在山西省）等。

来源于道教的历史文化古迹有："永乐宫"（山西芮城内）、"白云观"（北京西便门外）、"楼观台"（陕西西安西南76公里的秦岭北麓）、"九宫山"（湖北、江西交界的幕阜山东段）、"武当山"（湖北均县南）、"青城山"（四川省都江堰市西南）等。

（4）来源于动物、植物的地名。我国还有不少地名来源于动物和植物。例如，来源于动物的地名："奔牛镇""鸡公山""凤凰山""瘦狗岭""马鬃山""黄鹤楼"等；来源于植物的地名有："樟树湾""桂林"等。

（5）来源于姓氏、名字。在生活中，我们还能发现有不少地名中带有姓氏，如"石家庄""李家湾""王家屯"等。也有一部分地名是以人名命名的，如"中山市"（来源于革命先行者孙中山）、"肖家村""左权县"（来源于革命先烈左权）、"靖宇县"（来源于革命先烈杨靖宇）等。

（6）来源于矿藏和物产。例如，"铁山""盐城""钨金县""铁岭""大冶""无锡""铜陵""铜鲁山"等。

（7）来源于美好愿望。例如，"万寿山""万福河""富裕县""永昌县""安康市""吉安市"等。

（8）来源于社会用语。例如，"怀仁山""秀才村"等。

（9）来源于移民故乡。在中国的清朝时期，国家为了充实京城的实力，将大批山西人迁至北京。于是北京的很多地名都源于山西县名。例如，北京大兴凤河两岸有："霍州营""长子营""南蒲州营""北蒲州营""屯留营""河津营"等地名；顺义西北有："夏县营""河津营""忻州营""东降州营""红铜营""西降州营"等地名。

二、英汉地名的翻译

地名翻译非常重要，其关系到一个国家的领土主权。译者在翻译地名时可以采用如下翻译技巧。

（一）英译汉的方法

1. 音译法

将英语地名翻译成汉语时，应以音译为主，力求做到准确规范。地名的音译可以参照《英汉译音表》《外国地名译名手册》等。另外，在翻译时要注意避免使用生僻词和容易产生联想的词，且不要体现褒贬意义。

对英语地名中的专有名词进行翻译时，译者可以采用音译的方法。

2. 直译法

直译法可以反映地名的语言文化内涵。可以采用直译法进行翻译的地名有：英语地名中的通名部分；数字或日期命名的地名；表示方向、大小等修饰地名的专名的形容词等。

但是，修饰地名通名部分的形容词要进行音译。

3. 习惯译法

以人名、宗教名、民族名命名的英语地名通常采用其习惯译名。

(二) 汉译英的方法

将汉语地名翻译成英语时一般用汉语拼音即可，当然，有时也可根据情况采用其他翻译方法。

1. 音意结合

汉语地名的专名部分可以用汉语拼音翻译，而通名部分则需要意译。

2. 音译+重复意译

当汉语地名中的专名为单音节词（不含 n，ng 以外的辅音结尾的单音节）时，通名被看作是专名的一个组成部分，与专名一起音译，再重复意译通名。

3. 意译法

有些汉语地名蕴含着丰富的文化内涵，有的可以体现出该地的地域特征意义，有的则表达了人们对地域的美好期待等。在翻译这种汉语地名时，除了音译法外，还可采用意译法，以译出地名所蕴含的文化内涵，从而达到语言交际的功能。

4. 增译法

有时在翻译汉语地名时，可以增译地名雅称，作为地名的同位语，可以前置，也可以括注。

需要注意的是，中国有些地名相同，但表示的是不同的地点。翻译时要按照约定俗成的原则，不能随意更改，严格按照中国地名词典标注的读音和书写形式进行翻译。例如，将位于黑龙江双城县的单城镇译为"Dancheng Town"，而将位于山东单县的单城城译为"Shancheng Town"。在"陕西省"和"山西省"中，因为"陕"和"山"的汉语拼音都是"shan"，为了便于区分，将"陕西省"译为"Shuanxi Province"，而"山西省"译为"Shanxi Province"。

5. 沿用传统的译名

中国地域辽阔，民族众多，民族语言的使用也很复杂。汉语中的很多地名都源于少数民族语言，有的地名已经有了传统的译名，且普遍为外国人所接受，对于这类地名，译者应使用其传统的译名。

还有一些地名是以少数民族语言命名的，且有一些没有传统译名的地名，此时使用汉语拼音音译，还是使用该少数民族语言音译，这是一个存在争论的问题。笔者认为，从文化信息传递的角度出发，如果该少数民族语言有拼音文字，则用该拼音文字进行音译，因为用汉语拼音会失去了该地名所蕴含的文化意义。如果该少数民族语言没有相应的拼音文字，则用汉语拼音音译出来。

6. 考虑政治因素

在翻译英语地名时，译者应该具备一定的政治意识，坚持爱国主义的思想，以避免损害国家利益、避免国际冲突。

第三节　服饰文化翻译

一、英汉服饰文化概述

服装既能反映出一个人的文化修养、审美情趣，又可以表现出一个人对自己、对他人、对生活的态度。同时，服装也是一个民族在物质文明、精神面貌和文化素养等方面的综合体现。下面就简单概述中西方服饰文化上的不同。

西方服饰文化从总体上看经历了"由宽到窄"的发展过程。这种发展与变化和西方民族历史变动与演变紧密相连。

西方古代推崇"宽衣文化"，这种宽衣的形式主要盛行于以地中海为中心的地区，如希腊、罗马等地。可以说，穿衣文化是西方古典文化的重要反映，同时也是西方文化的重要组成部分。西洋古典服装的外形强调横向感觉，常采用横向扩张的肩部轮廓、膨胀的袖型、庞大的裙撑、重叠的花边等，使服装线条产生夸张和向外放射的效果。西方服饰的这种特点可以很好地体现西方人的个性特征。西方人个性热情、开放，在体型上也比较高大，因此能够很好地驾驭这种服饰，因而衍生出了自己的服饰文化。

到了 20 世纪，基于西方殖民扩张的需要，西方服饰文化开始进入"窄衣文化"的阶段。西方人非常看重人体形态，所以在设计服装的过程中，会重点考虑人体的美感。具体来说，西方人看重的是服装造型结构的组合之美，所以人们穿的服装通常都是造型丰富且不断更新的。应该说，西式服装的造型特征是随着人体的运动姿态和穿着者的举止行动而不断变化的，所以奥格尔称服装是"走动的建筑"，正是这样，西式服装的造型所追求的是在动的变化中产生的整体造型效果。因此，西方服饰的造型都能体现出一种人体美，同时还能达到修饰人体的特殊作用。

随着世界各国各民族文化交流和融合，东方直线剪裁的服饰风格对西方产生了一定的影响，"非构筑式的追求"出现在了西方的服饰文化中。到了现代，西方服饰风格开始走向国际化。由于西方的服饰着眼于衣服设计的科学性和合理性，并能充分彰显个性，所以深受世界各地人们的喜爱。

所谓"衣食住行"，由"衣"排在首位可以看出中国人对服饰的重视。服饰不仅彰显着一个人的身份和地位，同时也反映着社会的发展和变化。中国的服饰文化也经历了漫长的历史。中国自古就是纺织大国，所以其衍生出的中国服饰文化也极其丰富。在古代，中国服饰不但品种繁多，而且还能体现出不同的阶级和等级身份，成为体现封建社会礼仪的重要形式之一。

中国最早的纺织是从麻织开始的，之后发展到丝织，到了南宋时期，棉织逐渐流行起来。华夏民族的服饰为上衣下裳，这种形式大约出现在5000年前，且在商周时期得到了固定。春秋战国时期，深衣式袍服开始盛行。南北朝时期，女性的服装开始从汉代连在一起的深衣制变为了上衣下裙的穿着。唐朝时期由于女性观念的开放，其穿着较为大胆，出现了"宽袖大袍、交领掩胸"的样式。自清朝入关后，中国服饰开始出现了大的变革。女士基本沿袭明代旧制，男士的衣服出现了很大的变化。清朝男子服装为开衩长袍，下着长裤，衣袖窄小，袖口装有箭袖，又称"马蹄袖"，人们通常还在长袍外套一件长不过腰、袖仅掩肘的马褂。

二、英汉服饰的翻译

(一) 西方服饰的翻译

多数情况下，对英语服饰的汉译都采用直译法。下面通过一些词汇的翻译进行说明。

(1) 衣服类。everyday clothes，便服

(2) 鞋类。football shoes，足球鞋。

(3) 帽子类。beret，贝雷帽。

(4) 裤子类。down pants，羽绒裤。

(二) 中国服饰的翻译

对于中国服饰的英译，大体来说，中国服饰翻译可以采用如下三种方法。

(1) 直译法。

(2) 意译法。

(3) 改译法。

第四节　饮食文化翻译

一、英汉饮食文化概述

（一）英汉饮食观念的不同

一个民族的传统饮食，可以反映一个民族的历史文化特点。中西方饮食文化的差异首先体现在饮食观念和偏好上。下面就对中西方不同的饮食观念和偏好进行简单的介绍。

西方是典型的理性饮食观念，讲究一天人体要摄取的热量、维生素、蛋白质等。不论食物的色、香、味、形如何，营养必须得到保证，即便口味千篇一律，也一定要吃下去，因为有营养。这一饮食观念与西方整个哲学体系是相适应的。西方宴会上，可以讲究餐具，讲究用料，讲究服务，讲究菜品原料的形、色方面的搭配。但不管怎么豪华高档，从洛杉矶到纽约，牛排只有一种味道。菜肴中的鸡就是鸡，牛排就是牛排，纵然有搭配，那也只是在盘中简单的搭配和摆放。西方菜肴在色彩上有着鲜明的对比，但在滋味上却各种原料互不相干，保持各自味道，简单明了。

中国是一种典型的美性饮食观念。中国人的饮食追求一种难以言传的"意境"，并用"色、香、味、形、器"将这种"境界"具体化。中国饮食之所以有独特的魅力，其关键在于味道。而美味的产生，又主要源自调和，即使食物的本味、加热以后的熟味、加上配料和辅料的味以及调料的调和之味，交织融合协调在一起，使之互相补充、互相渗透、水乳交融，你中有我，我中有你。中国烹饪讲究的调和之美，是中国烹饪艺术的精要之处。中国饮食的美性追求显然压倒了理性，这种饮食观与中国传统的哲学思想也是吻合的。作为东方哲学代表的中国哲学，其显著特点是宏观、直观、模糊及不可捉摸。中国菜的制作方法是调和，最终是要调和出一种美好的滋味。这一讲究的就是分寸，就是整体的配合。它包含了中国哲学丰富的辩证法思想，一切以菜味的美好、谐调为度，度以内的千变万化决定了中国菜的丰富和富于变化，决定了中国菜菜系的特点乃至每位厨师的特点。

（二）英汉饮食偏好的不同

分与合的区别：西方人在烹饪菜肴时，很少将多种荤素原料放在一起烹调，鱼就是鱼，鸡就是鸡；而中国人做菜时，喜欢将多种荤素原料、佐料放在一起烹调（如杂烩、火锅等），讲究"五味调和"。这就是分与合的差别。

营养与美味的区别：西方人对食物营养的追求超越了色、香、味、形，他们注重食物的营养成分，如在烹饪过程中保持营养成分不被损坏，烹饪要注重科学、卫生；而中国人更看重菜肴的色、香、味、形，特别是滋味。中国"五味调和"的烹调术旨在追求美味，其加工过程中的热油炸和文火煮，都会在不同程度上破坏菜肴的营养成分。

规范与随意的区别：由于西方人特别看重烹饪的科学和营养价值，所以在烹调的整个过程中都会按科学的规范行事。例如，牛排的味道在一个国家的东西南北毫无二致，牛排的配料也是有限的几种；再者，规范化、机械化的烹调要求调料的添加量精确到克，烹调的时间精确到秒。而中国人对食品的加工则很随意，八大菜系均有自己的风味与特色，就是同一菜系的同一个菜，其所用的配菜与各种调料的匹配，会因厨师个人的风格而所不同。甚至同一个厨师做同一道菜，虽有一己之成法，也会因时、因地、因人而不同。

（三）英汉烹调方式的不同

就烹调方式而言，西餐的烹调方式没有中国那么丰富。这是因为西方主要注重食物的营养价值，其对于食物的烹调也多以保持营养为第一准则。西餐的烹调方式比较单一，主要为烤、炸和煎。西餐中不同的食物大多都可以使用这些烹调方法进行烹制。西方人在事物的烹制过程中讲究营养的均衡，所以各种食材常常混合在一起进行制作，如将面食与肉类、蔬菜，甚至水果混在一起。可见，西方的烹制方法虽然最大限度地保持了食材的营养成分，但是菜品的美观度有时并不那么高，同时还缺少了一定的艺术氛围。但是值得一提的是，西方不少国家的中小学校都有营养师，他们会对学生的膳食进行评估和调理，以保证青少年营养充足、平衡。

相比之下，中国的烹调方式可谓技术高超、品种丰富。具体体现在如下几个方面。

（1）中国文明开化较早，烹调技术较为发达，对食材的冷与热、生与熟以及同种食材的不同产地都讲究颇多。此外，在烹制的过程中，对火候、时间等要素都有严格的控制。

（2）中国对食材的加工方法已经非常成熟。中国的刀工包括切片、切丝、切丁、切柳、切碎、去皮、去骨、去壳、刮鳞、削、雕等各种技法。中国的烹调方法就更多了，例如，炖、煨、焖、煲、炒、爆、炸、煎、烧、煮、烤、烘、白灼、蒸等。

（3）中国各地的菜肴就地取材，因地制宜，根据风味的不同可分为京菜、川菜、鲁菜、粤菜、湘菜、徽菜、苏菜、闽菜八大菜系。厨师常常根据季节的变化，变换调料的种类或数量，烹制出口味有别的菜肴。例如，四川、重庆地区气候湿热，菜肴常以麻辣为特点，这样既能刺激胃口，又能发散人体内的湿热，有益于健康。

（4）同一种食材可以通过不同的加工方式制作出变化无穷的菜肴。据史书记载，南北朝时期梁武帝萧衍的厨师可以把一个瓜变出十种式样，将一个菜做出几十种味道，烹调技术的高超令人惊叹。山西面食以白面为基本原料，却能变幻出刀削面、包皮面、猫耳朵、拉面、剔尖、剥面、切面、铪铬、揪片等几十种花样，充分体现出中国人丰富的想象力。

（四）英汉菜肴名称的不同

西方菜肴的命名方式十分简单，通常包括以下两种方式。

（1）原料加烹调方式，如炸薯条、烤牛排等。

（2）地名加原料，如墨西哥鸡肉卷、意大利面条、意大利比萨饼等。

这样的菜名对于中国人而言，似乎少了一些文化的"味道"，但却符合西方人的"口味"，适应了西方社会快节奏的工作和生活方式，简化了用餐的过程，提高了效率。

中国菜名种类繁多、多姿多彩。有的写实、有的浪漫，有的蕴涵丰富的历史韵味、有的充满民俗情趣。中国菜名已远远超出了一种食品名字的范畴，成了一种令人赏心悦目的艺术品。具体来说，中国菜肴的命名方式有写实法、写意法、写实加写意法、典故法。

（1）菜肴命名的首要任务是让食客了解菜肴的原料与制作方法，因此写实法是汉语菜肴命名的基本方法。例如，煎咸鱼、烤乳猪、炸春卷、蒸螃蟹、脆皮锅酥肉等都采用了写实的命名方法，写实法可以使食客在看到菜名时对该菜品有一个基本的了解，可以帮助食客根据自己的口味选择合适的美味。

（2）写意的命名方法是指将菜肴原料的色香味的特点、烹调方式的特点、造型特点融合在一起，并以迎合食客心理为目的，为菜品取一个吉祥如意、悦耳动听的名字。以写意法来命名的菜名不体现原料与烹调方法，如"满园春色""全家福"等。

（3）写实加写意法。这类菜名既能体现原料与烹调方法（写实），又能展示菜品在色香味形方面的特点（写意），如五柳石斑鱼、生蒸鸳鸯鸡、芙蓉鸡片、翡翠虾仁、三鲜汤等。

（4）典故法。有些菜肴由某个人首创或与某个历史人物有密切联系，于是便以这个人的名字来为菜肴命名，如"叫花鸡""宫保鸡丁""炒罗汉斋"等。有的菜肴名称与其生产地有关，如"北京烤鸭""西湖醋鱼""成都仔鸡"等。还有些菜肴与某个历史故事或传说有关，如"大救驾"等。

二、英汉饮食的翻译

（一）西方饮食的翻译

前面已经提到，西方属于一种理性的饮食观念，西方人在摄取食物时，多数情况下都是从营养角度出发的。西方人注重使用新鲜的原料，也注重烹饪过程中对营养成分和味道的保留，蔬菜也基本上都是生吃。例如，沙拉的制作方式多是由蔬菜、水果等与沙拉酱混合而成的。所以，当看到一盘沙拉摆在我们面前时，我们总能对其原料一目了然。因此，对于西方菜肴的翻译，通常都采用直截了当的方式，即直译法。

（二）中国饮食的翻译

1. 烹调方式的翻译

中国的烹调方式十分纷繁复杂，因此在进行翻译的过程中需要对此进行掌握。

2. 菜肴名称的翻译

对于汉语菜名的翻译，通常也可以采用直译法。具体来说，译者可以根据菜肴的主料、辅料、烹饪方式、菜肴的形状以及口感进行翻译。有一些含有特定文化内涵或历史意义的菜名采用意译法来进行翻译。当遇到一些带有产地和创始人信息的菜名时，译者可以采用音译法进行翻译。当然，对于菜名的翻译要尽量使接受者能通过菜名对菜肴有个基本的了解。

（1）直译法。直译法的使用分以下四种情况。

①烹调法+主料。

西方菜肴一般采用的都是直译翻译法。

②烹调法+主料名+with/in+配料。

③烹调法+加工法+主料名+with/in+调料名。

（2）意译法。意译法也是翻译中国菜名的常见方法。

（3）直译+意译法。

（4）音译法。中国菜名也可以采用音译法。

3. 刀工的翻译

中国人讲究做菜的"刀工"，甚至将其作为评价厨师好坏与级别的标准。在将汉语刀工翻译成英语时，一般可以采用直译法。

三、英汉酒的翻译

（一）西方酒的翻译

对于西方酒的翻译，不仅关乎其在我国的影响和销量，还在一定程度上影响着外国酒类在中国的印象甚至外国文化在中国的传播。

在翻译西方酒时，译者既要考虑其是否符合中国人民的审美和文化价值观，又要保留西方酒的特性，从而更利于中国读者的理解和接受。

（1）酒名属于专有名词类，所以在翻译时主要采用音译法。

（2）当然，有部分无法用音译法翻译的酒，可以考虑使用意译法。

（二）中国酒的翻译

（1）直译法。

（2）意译法。

（3）音译法。

第五节　居住文化翻译

一、英汉居住文化概述

基于中西方不同的民族性格、地理环境、历史文化等因素，英汉居住文化也存在较大差异，如建筑理念差异、建筑布局差异、建筑材料与结构差异、装饰色彩差异、美感效应差异等，下面就对它们做简单分析。

（1）英汉建筑理念差异。西方民居体现的是以神灵为崇拜对象的宗教神灵精神或一种弃绝尘寰的宗教观念，具有冷硬、敦实、突兀、玄妙的特征，可称为"神本主义建筑"。而中国民居表现的是人世的生活气息，重视功能性，具有温和、实用、平缓、轻捷的特征，可谓之为"人本主义建筑"。

（2）英汉建筑布局差异。西方建筑不注重整体效果而较多注重单体的建筑艺术效果。具体来说，西方建筑讲究立体效果和突兀高耸，常常在空间上垂直扩展，体现出外向、开放、活泼的特点，城市布局多为放射状，追求外在的进取和自由性。相反，中国建筑不太注重单个建筑的高大，反而强调群体的宏伟。因此，中国建筑常常是由一个个单位建筑组合而成的一个大的建筑群，讲究中轴对称，追求纵深效果，体现出内向、封闭、严谨的特点，城市布局多为矩形或方形，追求内在的含蓄和私密性。

（3）英汉建筑材料与结构差异。西方传统建筑材料主要是石质制品，采用围柱式、券柱式结构，墙柱承重，形态厚重。西方古建筑多兴建大跨度的拱门、穹隆以容纳上万会众，要有丰富的力学知识。而中国传统建筑主要是土木制品，采用框架式结构，榫卯安装，梁架承重，外观富有曲线美。另外，砖木结构适应小家小户的个体生活，凭借经验和巧思即可成功。

（4）英汉装饰色彩差异。西方建筑以白、灰、米黄为主色调，朴素淡雅，但内部装饰色彩鲜丽，追求一种光怪陆离、迷乱、朦胧的宗教氛围。中国建筑以红、黄、绿、蓝为主色调，色彩鲜艳夺目，而台基多为汉白玉，所以具有强烈对比的性格特征。

（5）英汉美感效应差异。西方建筑雄浑厚重，块、面体积感强，旨在扩大主客体心理距离，使人产生"崇敬""仰慕"的感觉。而中国建筑温柔敦厚，气韵生动，曲线美突出，旨在缩小主客体的认同距离，会给人以"亲近"的感觉。

二、英汉居住的翻译

对于英汉居住的翻译方法，主要有以下几种。

（1）意译法。由于绝大多数中国建筑都难以使用直译的方法来翻译，所以只能用意译法来处理。

（2）释义法。当一些建筑词汇和短语既无法直译，也难以意译时，为了保留其中的中国文化，译者可以采用释义法。

人类自出生之日起，就决定了其将长期居住在某一环境，会被赋予某个名称，之后还会穿着自己的服装、有自己的饮食习惯等。学习一些中西方人名、地名、服饰、饮食和居住的文化差异，可以使我们在与异族的朋友交际过程中，更容易接受他们的穿着风格，也易于更好地进行跨文化交际活动，特别是翻译活动。

参考文献

[1] 白靖宇.文化与翻译[M].修订版.北京:中国社会科学出版社,2010.

[2] 卞正东.翻译中的政治意识与失误分析[J].疯狂英语,2008,(2).

[3] 陈俊森,樊葳葳,钟华.跨文化交际与外语教育[M].武汉:华中科技大学出版社,2006.

[4] 陈坤林,何强.中西文化比较[M].北京:国防工业出版社,2012.

[5] 成昭伟,周丽红.英语语言文化导论[M].北京:国防工业出版社,2011.

[6] 顾雪梁,李同良.应用英语翻译[M].杭州:浙江大学出版社,2009.

[7] 马会娟.汉英文化比较与翻译[M].北京:中国对外翻译出版有限公司,2014.

[8] 何少庆.英语教学策略理论与实践运用[M].杭州:浙江大学出版社,2010.

[9] 何江波.英汉翻译理论与实践教程[M].长沙:湖南大学出版社,2010.

[10] 郝丽萍,李红丽,白树勤.实用英汉翻译理论与实践[M].北京:机械工业出版社,2006.

[11] 何远秀.英汉常用修辞格对比研究[M].成都:西南交通大学出版社,2011.